How Shanghai Does It:
Insights and Lessons from the Highest-Ranking Education System in the World

全球视野下的中国教育研究丛书

丛书主编　万秀兰

上海是如何做的

世界排名第一的教育系统的经验与启示

梁晓燕
（印）修玛·基德瓦伊
张民选　著

万秀兰
任莺　译

華中科技大學出版社
http://www.hustp.com
中国·武汉

图书在版编目(CIP)数据

上海是如何做的:世界排名第一的教育系统的经验与启示/梁晓燕,(印)修玛·基德瓦伊,张民选著;万秀兰,任莺译.—武汉:华中科技大学出版社,2019.8
ISBN 978-7-5680-5427-0

Ⅰ.①上… Ⅱ.①梁… ②修… ③张… ④万… ⑤任… Ⅲ.①地方教育-基础教育-研究-上海 Ⅳ.①G639.2

中国版本图书馆 CIP 数据核字(2019)第 152664 号

上海是如何做的:
世界排名第一的教育系统的经验与启示
Shanghai shi Ruhe Zuode:
Shijie Paiming Diyi de Jiaoyu Xitong de Jingyan yu Qishi

梁晓燕 (印)修玛·基德瓦伊 张民选 著
万秀兰 任 莺 译

策划编辑:钱 坤
责任编辑:封力煊
责任监印:周治超
封面设计:刘 婷
责任校对:李 弋

出版发行:华中科技大学出版社(中国·武汉) 电话:(027)81321913
武汉市东湖新技术开发区华工科技园 邮编:430223

录 排:华中科技大学惠友文印中心
印 刷:武汉科源印刷设计有限公司
开 本:710mm×1000mm 1/16
印 张:10.75 插页:2
字 数:188 千字
版 次:2019 年 8 月第 1 版第 1 次印刷
定 价:38.00 元

华中出版

本书若有印装质量问题,请向出版社营销中心调换
全国免费服务热线:400-6679-118 竭诚为您服务

总　序

中国人的世界梦是在新一轮经济全球化进程中构建人类命运共同体的梦，要求我们同各国人民一道，同心协力做全球发展的贡献者，践行文明交流、互鉴和共存的理念。在这个过程中，精心构建对外话语体系，增强对外话语的创造力、感召力、公信力，讲好中国故事，传播好中国声音，阐释好中国特色，成为当下党和国家赋予我们的一项重要战略任务。

“开放发展”是引领我国发展的新发展理念之一。教育对外开放是我国改革开放事业的重要组成部分。要提升中国教育开放质量和水平，就要借鉴与弘扬并举，在深化双边多边教育合作过程中积极参与全球教育治理，用好人文交流机制，提升国家文化软实力。[①] 因此，新时代我们中国教育学人的重要使命之一是向世界传播中国教育故事，贡献中国教育智慧。

我们知道，中国的经济持续稳定高速发展、社会和谐稳定、人民爱国敬业，其背后都有中国教育的有力支撑。新中国成立以来，中国教育事业在文盲扫除、义务教育普及、高等教育大众化、教育公平、教育质量、教师队伍建设等方面都取得了巨大成就，教育理念、制度和实践都应该有一系列的成功经验可以总结，可供许多发展中国家借鉴。可这些经验到底是什么？目前还非常缺乏具体而系统的研究。

顾明远先生早就在国际比较基础上进行了中国教育的文化传统研究[②]，主要着眼于影响中国教育的传统文化因素，或者中国教育的文化特质；近年顾先生又组织团队进行了关于中国中小学校的研究[③]，着眼于向世界讲好中国故事，被称为我国教育“走出去”、学术“走出去”的重要典范。张民选教授的团队对中国上海基础教育的经验有不少研究，而且通过中英合作，把上海经验推向了世界。张教授本人也是本译著的作者之一。袁振国教授从“现代化存在多种通道和实现形式”的理念出发，强调中国教育是因为坚持积极学习借鉴世界先进理念和成功经验，坚持尊重教育规律，坚持扎根中国大地办教育，才开辟出一条在一个人口

---

① 郝平.统筹国内国际两个大局，做好教育对外开放工作[J].求是，2016(18).

② 顾明远.中国教育的文化基础[M].太原：山西教育出版社，2004.

③ 顾明远，马健生，藤珺.中国学校研究[M].北京：高等教育出版社，2017.

众多、发展不平衡、整体发展水平很低的国家，跨越式发展实现教育现代化的道路；同时指出了中国现代化成功有着重要的世界意义。[①] 这些工作为我国教育走出去奠定了重要基础。

但与中国悠久的教育历史、庞大的教育体系和丰富的教育政策和文化相比，目前中国学术界对中国教育经验的研究数量太少，也就谈不上系统。一些关于中国教育发展道路的著作，侧重的不是国际比较视野下的中国教育特色而是中国教育发展自身的逻辑，不能满足中国教育走出去实践的要求，不能在这方面起到理论指导作用。

复旦大学中国研究院院长张维为教授，从国际比较的观点，系统研究和探索了中国道路、理论、制度和中国文化的优势和经验，并通过广泛的国际学术活动进行了有效推广。他呼吁中国社会科学工作者“花大功夫了解真实的中国，真实的世界”，多做原创性研究，而不是做西方学术的打工仔和传声筒。张维为教授为我们中国教育人下一步的努力起了很好的示范作用。

另外，海外关于中国教育优势特色的研究数量也不多，但非常有启示。

中华民族饱经沧桑，不屈不挠，奋发向上，创造了光辉灿烂的文化。中国文化在世界文明史上占有重要地位，一直不乏海外特别是西方学者的研究。其中“最有影响力的中国学研究专家”，包括“早期的拉铁摩尔、费正清、列文森、史华兹等，中生代的孔飞力、易劳逸、魏斐德等，目前的中坚力量宇文所安、彭慕兰、周锡瑞、滨下武志、池田知久、冯珠娣、薛凤等，另外还有旅居海外的华裔著名学者如萧公权、杨联陞等”。他们的著作被江西人民出版社“海外中国研究丛书”纳入其中。该丛书截至 2018 年 10 月已经被连续出版 30 年共计 185 种，内容涉及政治、经济、哲学、历史、文学、法律、宗教、社会学、人类学、科技史等领域。[②] 不过，该丛书中专门讨论中国教育的著作寥寥无几。《权力源自地位：北京大学、知识分子与中国政治文化，1898～1929》勉强可以算是一部。

中国用几十年走完了西方发达国家几百年走过的工业化历程，在短期内发展成世界第二大经济体的“惊天大逆转”，西方学者的研究兴趣更是被大大激发出来，研究视角也越来越多地投向中国智慧和中国方案。

就中国教育优势特色研究而言，在中国内地接受基础教育甚至本科教育然

① 袁振国.“教育现代化的中国之路——纪念教育改革开放 40 年丛书”总序[Z].上海：华东师范大学出版社，2018.

② 萧铁.学术界与出版界良性互动的典范：“海外中国研究丛书”出版三十周年[EB/OL].http://www.bjnews.com.cn/culture/2018/10/25/514358.html.

后在境外接受更高层次教育并在境外工作的华人学者(杨锐、李军和梁晓燕等),以及外国一些学者(许美德等)有一些成果。他们比中国内地本土学者更了解中外教育的本质差异,也更倾向于从国际比较的视野来研究中国教育特色优势及其影响因素,虽然他们的观点多少也有值得商榷和完善的地方。

有鉴于此,浙江师范大学国际与比较教育研究院正在组织编撰"全球视野下的中国教育研究译丛"。全面了解自己的独特优势和特色,是走向世界的第一步;而只有国际比较的视野才能更好地了解自己。希望本译丛能在研究视角、研究方法和具体内容上,推动我国有关本土教育优势特色的研究,乃至推动我国教育智慧更好地走向世界。

本丛书所选书籍,原则上,一为境外专家研究中国教育的成果,二为中国内地专家从全球或国际比较视野研究中国教育的成果,三为重点考察中国教育的特色、经验或教训及其中华民族文化传统、社会制度环境等影响因素。也就是说,本丛书的选择将有作者身份、研究视角和关注重点方面的考虑。

希望本译丛推动中国内地本土学者更多地从国际比较视野研究中国教育,以便更深刻地解读或反思中国教育,更有效地改进中国教育,同时让中国教育在国际舞台上获得更好的理解、更多的掌声或更中肯的建议。

《上海是怎么做的:世界排名第一的教育系统的经验与启示》是本译丛的第一部。

希望本丛书继续得到境内外广大学者的宝贵支持。

万秀兰

浙江师范大学国际与比较教育研究院

2019 年 1 月 30 日

译 者 序

本译著《上海是怎么做的：世界排名第一的教育系统的经验与启示》是“全球视野下的中国教育研究译丛”的第一部，原本是世界银行推出的一份长达 181 页的报告。本报告在国际上有重要影响。其研究成果被多个国际组织采纳，被众多学者引用，还被众多用户在个人社交平台予以推介（这些用户分布在美国、英国、巴西、印度、巴基斯坦、尼泊尔、尼日利亚、南非、加纳等国家）；也被一些中文媒体报道。本书原著对西方发达国家和广大发展中国家的价值不言而喻，上海经验在英国已经有很大规模的实践了。

本书对中国同样有意义。这些意义大致在于以下方面：

首先是该书在研究方法上的价值。这主要体现在教育政策梳理和标杆分析（benchmarking）的组织框架。世界银行全球教育发展实践局开发了“取得更好教育成果的系统方法”（SABER）作为政策信息收集和诊断的工具，用于测量、分析和比较全球教育系统的不同政策领域。本书用 SABER 工具，分别测量了上海教师、财政、学校自主权和问责制以及学生评估四大领域的政策目标及其实施结果。通过这些指标，该书从国际比较的视野，更多、更客观、更科学地阐明了中国教育在国际上的先进程度。本书基于 SABER 框架和评分规则，对上海基础教育四大领域 24 个指标中的 16 项给予了“成熟”级别的评分（虽然政策内容或范围有限但已有良好实践）；对其中的 6 项给予了“先进”级别的评分（政策堪称国际最好实践）。“成熟”和“先进”是四个等级中最高的两个等级。但也有 2 项指标的评分属于“新兴”级别（政策虽有良好实践但仍在发展中）。这两项指标是“学校问责制”和“学校委员会在治理中的作用”。不过没有指标属于该评分系统中的“潜在”等级（政策尚未产生或政策发展有限）。本书所体现的 SABER 指标体系及其具体运用都值得借鉴。

其次是该书国际比较视野中关于上海基础教育若干重大特色优势的归纳、总结及原因分析。根据该书的研究，除了具体政策上的优势特色外，作为中国基础教育领头羊之一的上海教育，有两大特点。其一，在教育政策声明与实际落实之间有较高程度的一致性，没有发现重大分歧。而这种落差在国际上特别在发展中国家是司空见惯的。该书认为上海这种一致性的原因在于中国自上而下的政府集中管理的文化和历史特征，对教育项目和政策的密切监控以及激励与绩效的挂钩，教育系统人员高度的专业责任感，政策声明和目标的适切性和现实性。其二，教育体制和实践与时俱进、勇立潮头而且成效卓著。主要体现在根据上海具体情况创造性培育了一支卓越的教师队伍，提供经费时能通过多种政策促进教育的质量和公平，能在学校的自主权和问责制之间较好地保持平衡，构建了比较有效的学生评估系统等。本书对中国基础教育这两方面的评价无疑十分中肯，也为我们的教育自信增添了十分重要的视角。

最后是该研究所发现的上海教育政策存在的问题及其提出的相关建议。这些建议主要有：放宽外来务工人员子女入学门槛；试点取消中考，延长综合教育，把教育分流推迟到高一后或高三学生后，同时增强课程多样性；扩大家长、社区和广大社会在教育中的作用；在学业成绩优异与学生社会情感健康之间找到更合理的平衡。对上海乃至全国教育界来说，此类建议虽然早有讨论，但是在本书大量数据和国际比较基础上又一次被严肃地提出来，还是很有警示意义的，值得我们高度重视。

因此，我们翻译出版这本书，把它作为“全球视野下的中国教育研究译丛”中的第一部。

当然，正如本书作者自己所认识到的，上海教育系统是“复杂和多层的”，而本研究主要通过 PISA 和 SABER 两个工具来进行研究，而且这两个工具的设计目的本来是特定的也是有限的（其中 SABER 旨在评估政策和制度环境，并诊断需要改进的领域），所以，不能期望本书对上海基础教育的一切特征都有所涉及。另外，由于 SABER-教师、SABER-财政、SABER-学校自主权和问责制以及 SABER-学生评估四大模块所测量的政策目标和指标中存在重叠，导致研究结果记述的相关重复，也就难以避免地导致本书一些章节的某些重复。

值得指出的是，上海基础教育还有其他一些经验不是本书研究重点但无疑值得深入研究并推向世界，比如“国际视野，本土行动”的理念和实践。上海基础教育得到了来自高等学校的专业的教育研究队伍的支持。这支队伍改革开放以来一直广泛关注、研究和学习国外先进教育和教学的理念、政策和制度，并积极尝试与上海本土的教育改革相结合。其中，重量级领导人物是钟启泉教授等一批把比较教育学同课程与教学论、教育管理学等结合起来的双栖、三栖研究队伍。就上海基础教育而言，中国传统教育和苏联教育的某些落后的基因得到有效遏制，发达国家和地区的某些先进理念和实践得到引入，与上海这支比较教育研究队伍的努力密不可分。所引入的理念及其实践包括“整体教育”“人性化教育”“课程领导”“多元智能”“建构主义”“学力”“教师专业化”等。

总之，本书是关于中国基础教育优势特色研究的先驱之一。把它翻译成中文，介绍到中国，希望能推动中国本土的国际视野的中国教育比较优势研究，促进中国教育“走出去”，让中国智慧在国际舞台上更好地发挥作用。

本译著的致谢、作者简介、摘要、缩略语、导言、背景以及第1～4章，由万秀兰翻译；第5～8章及附录A由浙江师范大学教育学院比较教育专业博士、丽水学院副教授任莺翻译。

感谢世界银行免费授予本译著版权，感谢华中科技大学出版社为本译著立项，感谢出版社编辑的辛勤付出。

万秀兰

浙江师范大学国际与比较教育研究院教授

2019年1月30日

作者简介

梁晓燕博士是世界银行全球教育发展实践局首席教育专家，在写此书时是世界银行在中国、马来西亚、蒙古和韩国教育团队的负责人。梁博士拥有哈佛大学的教育学博士学位，曾作为青年专家入选者入职世界银行。在长达20多年的教育发展生涯中，她在非洲、拉美和东亚国家领导了世界银行教育政策分析和对话，并设计管理了系列教育项目。梁博士热情投身于教育研究事业，有着教育政策和项目管理等广泛领域的扎实的专业知识和丰富的经验，包括早期儿童教育、职业技术教育与技能开发、高等教育与科技、教育财政以及教师教育。在世界银行内外，她广泛地发表和出版了关于各种教育专题领域的研究成果。

修玛·基德瓦伊（Huma Kidwai）博士是世界银行全球教育发展实践局（Education Global Practice）东亚和太平洋地区教育顾问。她拥有哥伦比亚大学的教育学博士学位，对印度教育改革和基于宗教信仰的教育机构进行了广泛研究。她以前在下列组织机构或项目中工作过：世界银行减贫小组、"认识童年暴力"（Know Violence in Childhood）全球行动、普拉克西斯-参与性实践研究所（the Praxis-Institute for Participatory Practices），以及地球研究所哥伦比亚大学全球中心（the Earth Institute's Columbia Global Centers）。她的专业经历主要是参与教育、儿童保护、健康和减贫等领域的项目特别是有关排斥问题的项目。

张民选教授是上海师范大学国际与比较教育研究院的院长，联合国教科文组织国际教育规划研究所咨询委员会委员。张教授职业生涯长，成就卓著，担任过上海教育的重要职务，比如上海师范大学校长，上海PISA负责人，上海教育科学研究院院长，上海教育委员会副主任，上海实验学校校长。张教授是全球公认的教育专家，在各国教育部教育政策咨询领域仍然非常活跃。

致谢

本书由梁晓燕、修玛·基德瓦伊(Huma Kidwai)和张民选完成。陈爽和张一楠(Shuang Chen and Yinan Zhang)提供了极好的背景研究。上海师范大学的研究团队的各位同仁,包括闫文乐博士、宋清清女士、宁波博士、王友元先生、朱小虎先生、陈辉先生、周芸女士、赵春华女士和刘菁菁女士,都对本报告做出了重要贡献。他们尽力为“取得更好教育成果的系统方法”(the Systems Approach for Better Education Results,以下简称 SABER)收集了各模块政策数据,回答了多轮问题,而且帮助世界银行团队完成了在上海的学校访问和访谈。

本研究团队要感谢在世界银行内部 SABER 各小组的技术支持,包括 SABER-教师组和 SABER-学校经费组的哈尔西·罗杰斯(Halsey Rogers)、安德鲁·保罗·特伦布莱(Andrew Paul Trembley),SABER-学校自治与问责组的安吉拉·德玛斯(Angela Demas),以及 SABER-学生评估组的玛格丽特·克拉克(Margarite Clarke)。

同行评议人员也提供了有价值的评论。他们包括哈纳·布里克斯(Hana Brixi)(全球治理实践局副局长)、芭芭拉·布伦斯(Barbara Bruns)(首席教育专家)、胡安·曼纽尔·莫雷诺(Juan Manuel Moreno)(首席教育专家),以及陈丹丹(首席经济学家)。本研究团队还感谢世界银行高级管理人员的大力支持,他们包括中国局局长伯特·霍夫曼,教育局局长克劳迪娅·玛利亚·科斯廷、人类发展局局长阿米特·达尔(Amit Dar),以及东亚和太平洋地区教育实践局局长哈利·安东尼·帕曲诺思(Harry Anthony Patrinos)(他是首位鼓励本研究团队而且在担任该职位之前就提供给本研究团队最初研究经费的人)。另外,还要感谢前任东亚和太平洋地区教育实践局局长路易斯·本维尼斯特(Luis Benveniste)以及中国人类发展项目负责人叶莲娜·格林斯卡娅(Elena Glinskaya)的大力支持。

前 言

教育被广泛认为是人类一项基本权利，也是经济发展和减贫的有力工具。教育对世界银行完成其 2030 年前结束世界上的极端贫困和推动共同繁荣的双重使命至关重要。它也在联合国 2015 年采用的用来改造世界的可持续发展目标中占有显著位置。事实上，优质教育对任何国家实现可持续、多样化的经济发展都是必要的。

决策者时常问及的问题是面对挑战如何实现优质教育。世界银行《2020 教育战略》呼吁尽早投资、明智投资和全民投资——特别强调加强教育系统和提高学习效率。在世界各地，教育系统在历史、环境、政策重点、政策执行及其结果方面都有所不同。世界银行通过其融资、发展知识，迫切希望把最有参考价值的全球比较实践提供给各国参考。本研究提供了许多来自上海的有价值的教育经验；根据经济合作和发展组织的国际学生评估项目（以下简称 PISA）显示，上海教育系统是世界上表现最好的之一。

通过分析有关教师、学校经费、学生评估和学校自治与问责的教育政策和实践并为之确立基准，本研究对来自上海的教育经验教训进行了全面论述。研究显示，上海已经战略性地规划、开发和建立了一整套严谨的教育体系，这正是相关政策和实践合力促成了现有的教育结果。

此外，本研究也揭示了第二个秘密——上海坚定有效地实施其教育政策，而且持续致力于创新和改革，以迎接新的挑战。本研究的信息分析无论是对希望取得像上海那样成功的教育系统来说，还是对上海本身来说，都是既实用又中肯的。

上海教育系统令人钦佩的方面之一是其教师发展和管理的过程。教师是高度受人尊重的职业，不是因为教师的收入水平高，而是因为全社会尊重这个要经过长期严格的职前教育和无处不在的校本专业发展才得以获得和维持资格的职业。教师被期望是积极的研究者，能不断反思他们的教学并实施与学生学习成绩相关的创新。校长是强有力的教学领导，能对教学和学习提供指导，理解怎样才是对教师最好的评估。教师和校长都承担着自己的责任。

上海需要提供给世界的，不仅是其过去和现在，而且还要有其作为东亚和太平洋地区乃至整个世界的主导性经济体打算为它的国家创造的未来。上海本身已经超越了 PISA，正在审慎考虑更为艰巨的问题和挑战，比如，上海儿童的社会-情感健康，全球公民意识及环境意识、创造性和创新性。

世界银行资深教育总监　克劳迪娅·玛利亚·克斯汀(Claudia Maria Costin)

世界银行驻中国代表处主管　伯特·霍夫曼(Bert Hofman)

摘　要

本报告，即《上海是如何做的：世界排名第一的教育系统的经验与启示》深入考察了上海学生如何在知名的全球15岁学生教育能力评估中在阅读、科学和数学领域取得了最高分数。本报告对上海基础教育的主要政策进行了梳理和标杆分析（benchmark），提供了这些政策在学校执行程度的实证资料，探讨了这些政策及其实施如何影响到学生学习结果。

该报告使用世界银行的"取得更好教育成果的系统方法"（SABER）作为政策梳理和标杆分析的组织框架。学校调查和其他现有研究被用来揭示教育的影响及其实施。我们用2012年国际学生评估项目数据分析了上海学生成绩的差异，并考察了学校变量与家庭和学生背景差异可能相关的程度。

基于SABER框架和评分规则，上海在教师、学校财政、学校自主权与问责制以及学生评估四个关键领域中几乎所有方面都得到了"成熟"（established）和"先进"（advanced）级别的评分。SABER给上海学校问责制和学校委员会在治理中的作用评级为"新兴"（emerging）。

本研究发现，上海在政策与实施之间有较高程度的一致性；没有发现政策声明和现实之间的重大分歧。政策及其实施之间的这种显著联系可能归因于许多因素：中国自上而下的政府集中管理的文化和历史特征；对教育项目和政策的密切监控，以及激励与绩效的挂钩；教师、校长和教育系统人员的高度的专业责任感；政策声明和目标在某种程度上的适切性和现实性。

上海另一个突出的地方是其不断完善其教育体制和实践。自19世纪中国对世界开放以来，它就一直在进行教育改革，当时西方传教士建立了新的西式学校。自20世纪70年代改革开放以来，改革的力度进一步加强。在此期间，中国国务院发布的三份重要战略文件，指导了三个阶段的全国教育改革。这些文件包括《关于教育体制改革的决定》（1988年）[①]，《关于深化教育改革，全面推进素质教育的决定》（1999年）和《国家中长期教育改革和发展规划纲要》（2010年）。上海一直是全国教育改革运动的先锋和领袖，正在制订及至2050年的新的改革

① 全称为《中共中央关于教育体制改革的决定》，通过时间应为1985年——译者注。

计划。下文分几个部分总结上海的主要政策亮点，并阐述其在教育改革道路上继续前行的一些主要的政策考虑。

一、吸引和培育一支卓越的教师队伍

各年级各科目明确的学习目标和标准、紧凑而有序的教与学材料，以及有效的评价体系，为上海教师提供了指导框架。《中华人民共和国教师法》(1993 年)明确了教师的基本义务和工作时间。教师不仅要履行教学合同、执行学校教学计划，而且要致力于学生的德、智、体发展，组织适当的学生学习活动。《中华人民共和国教师法》(以下简称《教师法》)还要求教师提高自己的道德水准和教学业务水平。教师责任在教室之外还包含教师自身的专业发展和课外活动。

在上海，教师是一份有吸引力并受人尊重的中产阶层的职业。教育设施、生师比等工作条件是诱人的，明确的职业生涯发展机制已经建立起来。上海小学教师至少需要三年制高等教育学历，中学教师至少需要为期四年的大学教育。然而，在实践中，学历要求更为严格，上海的大多数教师至少拥有学士学位。教师在被学区正式录用之前，有一年试用期。

上海通过激励措施，鼓励教师到难以招到教师的农村和郊区学校任教。实行教师交流和轮换制，帮助表现不佳的学校和弱势学生群体。这样，艰苦地区的教师和校长在他们的职业生涯中可以得到更快的发展。尽管上海任何科目都不会面临教师的严重短缺，但在农村和中心城市学区之间，教师和其他资源的分配仍然是不均衡的。

学校校长的招聘标准高而且执行严格，招聘标准明确侧重教学领导素质。但不同学区对详细资格要求有所相同。根据《义务教育学校校长专业标准》，上海校长在其整个任期内需要参加各种领导能力培训项目。校长有职业生涯发展的机会。该城市把校长的部分工资同学校的总体绩效挂钩；还明确希望校长成为教学带头人。上海大多数校长每学期听课 30—50 节并为教师提供反馈意见。

一系列学生评估的结果用于对教师进行诊断性监测和评价。教师的表现是通过多种机制来监测的，而不仅仅是通过学生的学业成绩。这些检测和评价过程包括区一级对教师工作的频繁检查，以及高级教师和校长对教师的课堂观察或听课。

上海设计教师专业发展活动时注意合作性并聚焦于教学改进。学校校长负责根据每一位教师的评估结果制定有针对性的教师培训计划。专业发展往往占学校运行经费支出的重要部分。该市让业绩优秀的有经验的教师结对帮助那些缺乏经验的教师。学校普遍建立了教师专业发展和绩效评估的重要平台——教学研究小组和课堂观察。学校希望教师是研究人员,能对学生学习结果作出评估和改善自己的教学方法。上海要求新教师在入职的头5年里至少完成360学时的专业发展任务,要晋升职称的话另外还需要540个学时。

上海奖励优秀的教师。业绩会影响晋升机会,而教师工资的一小部分与教师工作量和业绩表现挂钩。政策要求教师每5年重新认证一次教学资格,审核通过者才能继续任教。这个城市可以因为不当行为、虐待儿童或表现不佳而解雇教师,但这类事件很少发生。在业绩不佳的情况下,转换工作和提前退休是更常见的惩罚措施。

总的来说,上海教育的特点之一是其连贯和综合的教师专业发展系统,该系统包括各级在职培训、校本教研组、教师绩效评价,以及为教师职业生涯发展提供了动力机制的结构化职称晋升阶梯。该系统是业已证明的上海教育业绩卓越的关键。

二、经费提供注意促进教育的质量和公平

上海制定了详细的政策和法规制度,以保障基本的教育投入用于改善基础设施、人员编制、学习材料和教师资格。教育预算通过教师工资、资本投资和基于学生人数的运行预算等形式向学校拨付。然而,由于教育财政的分权性质,每个地区都为自己的基础教育提供经费,不同地区之间,以及城市和农村学校之间的教育经费差距依然存在。2013年,上海教育公共支出占GDP的比例约为3.5%,这一比例低于芬兰、日本、韩国和美国等其他教育发达经济体的支出。

上海教育系统的财政计划越来越重视通过财政和其他手段帮助表现不佳的学校和地区,以确保提高所有学生的学习成绩。上海已经抛弃了不公平的基础教育"重点学校"[1]制度,转而努力把学生附近的每所学校办成优质学校。创新性的融资手段,例如,让成绩优异的学校和成绩较差的学校结对帮助的"委托管理",获得大力支持。市政府将一半的教育附加税转移支付给经济薄弱的地区,并要求知名高中为贫穷地区的中学毕业生预留部分学额。

上海密切监控学校管理环境和教学成效。市政当局每年收集学校和区级数据。然而,上海也许可以改善其使用信息和通信技术收集数据的方式。当然上海在这方面也正在做出努力。2010年,上海市教育委员会借鉴PISA经验建立了自己的质量监测系统,名为《中小学学生学业质量绿色指标》(以下简称《绿色指标》)。其主要目标是全面评估学校的质量,包括学业的严谨性(academic rigor)、教学动力和师生关系。上海全市统一确定学校的年历,并且确立了确保学校可及时获得学习资料和物质资源的监督机制。

教育预算建立在充分和透明的信息基础上，并向大众公开。收集学校和区一级的数据，旨在为未来的预算规划提供信息基础。内部和外部审计制度已建立，旨在核实教育资源的使用情况。未能通过内部或外部审计的学校将受到法律制裁。

上海有专门的政策来帮助处境困难的学生支付教育费用。该市为流动儿童和生活在贫困线以下的学生提供免费校餐，并为残疾学生或经济困难学生提供教育补贴。根据 2015 年《全国义务教育质量监测评估》[2]，上海在实现公平入学方面比国内其他任何地区都取得了更多的进步。但流动儿童在进入当地公立义务教育学校方面仍面临障碍。这些儿童未必总能出示必要的文件来证明他们家长的工作情况；在完成九年义务教育后，他们不能进入上海的公立高中就学。上海市应该进一步实施特殊教育，并加大力度帮扶流动儿童和其他弱势儿童。

三、平衡学校自主权和问责制

上海学校在编制和管理学校预算方面享有很高的自主权。预算编制是一个多步骤的协作过程。预算在获得区财政局和市政府的批准后，学校可以按照既定项目执行预算。学校对教师的基本工资标准的影响有限，这是在市政层面决定的，但学校有权分配基于绩效的工资。学校工资单分为两部分：教师的基本工资在工资总额中占 70%；剩下的 30%基于工作量和绩效。学校常常对非教学人员的工资水平有更多的决定权。公立学校的自主权比私立学校少，特别是他们筹集资金的能力较弱。上海已经建立了详细的规章制度，来规范学校财务管理和透明度标准。违规学校会受到惩罚。

学校在人事管理方面有很大的自主权。学校所在的地区不同，在任命和解雇教师方面的自主程度也有所不同。原则上，学校有权雇佣和解雇教师，但在实践中，他们只有在学校教师编制增加的情况下才能聘用更多的教师；否则，他们只能雇佣短期合同制的教师。教师很少被解雇。非教学人员的招聘和调配过程更加灵活。上海有机制让学校参与教师招聘，并选择自己中意的候选人。

与公立学校校长相比，上海私立学校校长往往对员工招聘和薪酬相关决定行使更大的自主权。上海对校长的任命和调配没有统一的市级政策；各地区有权确定自己的程序。在正式招聘之前，各区通常会持续不断地维持和培养一批后备校长。

除了遵守财务管理制度外，学校还对学校管理和学习结果负责。上海市每年都要检查学校，并通过绿色指标对学校进行全面评估。上海的教育评估系统是成熟的，也是常常得到运用的，为教学实践提供信息并对此进行必要的调整，还每年在学生九年级(初三)和十二年级(高三)学业结束时进行全市范围的考试。中国首次全国基础教育质量评估始于2015年。上海也是自2009年以来中国首个参加PISA测试的省份或直辖市。海量的学生数据有助于政策制定者追踪学生学习结果方面的趋势。观察到的一个积极趋势是,上海已经采取措施确保对个别学生的考试成绩不进行排名或也不公布,不把考试结果明确作为教师的奖励或惩罚机制。

上海的学校在课程和教学方面有一定的自主权。在中央一级,教育部为所有科目制定了国家课程标准。上海和少数几个试点省份获准设置自己的课程。上海已经为各科目发布了《上海普通中小学课程方案》。上海的学校还有权根据各校的优势和所关注的课程重点自主设计30%的课程作为校本课程。此外,教师有一定程度的教学自主权。

该系统通过建立教师内部的关系以及执行教师在职培训和监督程序,来保持和促进教师职业责任感。当学校校长和高级教师通过教研组和其他支持与指导方法与其他教师交流时,这种职业责任感就变得更加明显。

公立学校不一定要建立学校委员会,学校管理遵循的是"校长负责制";在这一制度下,校长通常在与党的书记并越来越多地与教职工代表大会(staff association)协商后做出关键的决策。在法律上,上海的私立学校必须建立校董事会。尽管董事会参与总体规划和预算编制的决定,但他们通常不参与专业的教与学事务。家长教师联合会成立于2012年,仅限于支持基本的学校管理工作,并帮助学生在家学习。没有市级规章制度、手册或政策来规范社区参与学校活动和学习投入。

上海没有明确的政策或公共论坛来表明利益相关者所要承担的责任。社区和家长信任教育专业人士,相信他们能管理好他们的专业事务,也能教育好学生。

四、构建有效的学生评估系统

中国通常使用的学生评估方式是持续的形成性的课堂评价,终结性考试(特别是在九年级末的"中考"和十二年级末的"高考"),以及国家和国际的大规模评估。课堂评价是频繁的,并且以各种形式进行,例如小测验、口试、演示、家庭作业,等等。课堂评价让学生更有可能基于自身能力展示他们的学习成果,而不像终结性考试那样通常只采用笔试。

上海在评估标准方面有明确的指导意见,并努力使这些标准与年龄相关的预期学习成果挂钩。可以确定的是,学校层面努力监测评估的质量,并有效地利用这些数据为课堂教学和未来的评估实践提供信息。作为政府提高教育质量努力的一部分，国务院于2015年4月正式推出了《全国义务教育质量监测计划》。2011年，上海市教育委员会还开展了题为《中小学学生学业质量绿色指标》的一系列调查。这些调查旨在改善教育管理和教育生态。这些指标包括学生学业成绩、学生学习动力、学生课业负担、师生关系、教师教学风格，以及这些指标的跨年度进步情况。这些调查针对的是义务教育阶段所有小学和初中的学生。为了进一步改进课堂评价，市级和区级教研室对学生评估的状况进行了定期研究以供决策参考。

高级中学入学考试和毕业考试是上海公认的社会大事，对此，学生、家长、教育工作者和媒体都予以密切关注。这些考试得以有效开展是由于有一个组织健全的体系，该体系有明确的政策指引、经常性的拨款以及充足而训练有素的人力资源。这些考试与老师和学生的教学目标相对应，被认为质量高、过程透明而且公平。然而，这些考试往往也受到批评，因为导致学生压力大，并促使学校和老师进行应试教育。几乎完全由考试成绩决定一个学生能否上大学和上哪一层次的大学。[3] 为了减轻家长和学生对这些考试的担心，上海市教育委员会正在努力完善高考和中考，使其更加灵活。

上海是中国率先参与国际大规模学生成绩评估的省份之一。它在2009年和2012年的PISA测试中表现出色，并因其在教育上的成功而受到了国内外的广泛关注。上海因为参与PISA的有利环境（包括明确的政策指导方针、必要的资金和有效的人力资源），而被评为“先进”水平。然而，它在确保有效利用此类国际评估数据的政策目标方面得分相当低。

五、政策及其实施与学习结果挂钩

2012年PISA测试结果显示了上海的教育政策和实践在多大程度上促进了学习结果。不同教育学程①之间的测试结果有很大的差异，高中学生的表现要比初中学生好，而示范高中或实验高中学生的表现要比职业高中学生好。总的来说，在数学、科学和阅读方面，示范高中或实验高中的学生得分最高。在所有参与PISA测试的国家和地区中，上海也成为较公平的教育体系之一；在控制学生

① 我们通常所说的不同类型的教育（“普通教育”和“职业教育”）乃至普通教育中的示范学校和非示范学校的教育，以及不同阶段的教育（小学、初中和高中），在英文中常被表达为不同的“教育学程”（educational programs）。program有时被译成“课程计划”或（高等学校、职业技术学校中作为教学组织和评估单位的、学生学习和就业所依托的）“专业”。下文我们将这种意义的program翻译成“学程”。这里的“学程”显然在学生接受教育的“学段、性质和类型”意义上使用，而不是在“专业”意义上使用——译者注。

家庭社会经济地位因素后，在成绩排名前25%的学生中，上海处境不利学生的比例最高。

在PISA测试分数中，上海不同教育学程之间的差异比同一学程内部的差异更大；这表明，该系统可以按照考试成绩在学生初中毕业时有效地将他们分流到不同的教育学程。然而，本报告准备过程中的分析表明，在各类学程内部，学校层面的政策和实践在解释学生的PISA表现方面起主要作用。与PISA成绩呈正相关的学校因素主要包括：教育资源、课外活动、校长教学领导力、课程自主权（与初中数学成绩略呈负相关）、问责制（受到更多家长压力的职业学校在数学方面做得更好），以及教师参与学校治理（与高中数学成绩呈正相关）。

此外，个人和家庭背景特征与学生学业成绩表现出了一贯的相关性。在数学和科学方面，女孩的表现明显比男孩差，但在阅读方面明显比男孩好，这与其他参与PISA测试的国家和地区的发现是一致的。[4]家庭教育资源、文化财富和家长教育与学生的读写能力呈正相关。相比之下，家庭物质财富与学生成绩呈负相关。参加过至少一年学前教育的学生在这三个领域的表现都要好得多。

六、可供上海参考的几点政策思考

对教育政策的全面评估和标杆分析，使我们有机会提出一些想法以供上海教育界人士参考。

（一）考虑把教育分轨延迟到十年级或更晚

九年级后的“中考”将学生分为三种不同的高中学程，这三种学程之间的转学机会非常少。教师和其他资源的长期累积性差异进一步扩大了不同学程在教育质量上的差异。上海可以试行取消“中考”，像其他发达国家一样把教育分轨推迟到十年级或十二年级，更大程度上为学生提供课程多样性。

（二）增加对流动和其他弱势儿童的援助

上海积极制定了多项政策和措施，扩大对流动和其他弱势儿童的教育服务。然而，父母在沪居住和就业满3年的现行资格标准也许需要放宽，以便允许更多的移民子女进入当地公立或政府资助的私立学校就读。“弱势”儿童需要每年更新他们的身份信息以获得援助资格，这可能会进一步把他们排斥在援助大门之外。该市不允许外来务工人员子女进入其公立高中，限制了他们的潜力。

（三）扩大父母、社区和广大社会在教育中的作用

家长教师联合会是一种相当新的做法，而且往往责任有限。与此同时，许多事件和独立的研究表明人们似乎对公共教育系统的一些不满。上海可以考虑扩大家长、社区和广大社会在教育系统中的作用。

（四）进一步探索公私合作伙伴关系在解决教育服务交付过程中最后一里路问题上的作用

委托管理表现不佳的学校以及从民办机构那里购买教育服务,此类举措都可以扩大规模,并加以制度化。

（五）在学业成绩优秀与学生社会情感健康之间找到一个更合理的平衡

虽然没有在本报告中得到明确讨论,但与国际同伴比,上海学生的苦恼和来自父母的压力更甚。上海可以进一步鼓励教育机构举行公共教育讨论。它还可以继续建构改革和发展的良性循环,使其教育系统更具全球竞争力。

注　　释

[1]“重点学校”是根据优异教育成果选拔出来,并被优先调拨教师、设备和资金的学校。在实践中,重点学校设在城市地区,并获准招收和培养优秀学生进入顶尖大学。从 20 世纪 80 年代末开始,这种做法在全国不同地区分阶段逐渐被废除。

[2] 2015 年,中国进行了首次全国义务教育质量评估。该次评估的样本包括来自全国 31 个省、市、自治区的 323 个县/区 6474 所中小学约 20 万名四年级和八年级学生。学生们在数学和体育两个科目中进行了测试。超过 10 万名教师对教师调查做出了回应。

[3] 中国的大学分为四个层次:第一层次大学指中国比较好的大学;第二层次大学是普通的本科学士学位授予大学;第三层次主要是省级或市级院校;第四层次主要是高等技术和职业教育与培训学院。教育部在高考结束后公布每一层次院校学生录取的最低分数线。

[4] 在 2009 年 65 个参与 PISA 数学科目测试的国家和经济体中,有 35 个国家和经济体的男孩表现优于女孩。有 5 个国家的女生表现优于男生。25 个国家的男女生表现没有显著差异。——Organisation for Economic Co-operation and Development [OECD]. 2011. PISA 2009 at a Glance. Paris: OECD Publishing, Paris. http://dx. doi. org/10. 1787/9789264095298-en.

缩　略　语

EMIS 教育管理信息系统
GDP 国内生产总值
ICT 信息和通信技术
ISCED 国际教育标准分类
OECD 经济合作与发展组织
PISA 国际学生评估项目
PRC 中华人民共和国
PTA 家长教师联合会
SAA 学校自主权和问责制
SABER 取得更好教育成果的系统方法（世界银行）
SAR 特别行政区
SHPISA 上海 PISA 委员会
TALIS 国际教与学调查

RMB 人民币
US¥ 美元

目　录

绪论 …… (1)
背景 …… (1)
第一章　上海及其教育系统回顾 …… (3)
导言 …… (3)
上海的教育发展 …… (7)
第二章　分析教育政策并与实施和学习成果相结合的系统方法 …… (12)
导论 …… (12)
衡量政策目的和 SABER 工具 …… (13)
衡量政策的实施 …… (14)
将政策意图及其实施与 PISA 学习结果的测量联系起来 …… (15)
本研究的局限 …… (15)
第三章　吸引和发展一支卓越教师队伍 …… (17)
导言 …… (17)
政策目标一:为教师设定明确期望(先进) …… (19)
政策目标二:吸引最好的从教者(先进) …… (22)
政策目标三:为教师提供有用培训和经验(成熟) …… (26)
政策目标四:使教师技能适应学生需求 …… (27)
政策目标五:让强有力的校长领导教师 …… (29)
政策目标六:监督教与学 …… (32)
政策目标七:支持教师改善教学(成熟) …… (34)
政策目标八:激励教师做好工作 …… (37)
小结 …… (39)
第四章　为优质而公平的教育提供经费 …… (43)
引言 …… (43)
政策目标一:确保学习基本条件(先进) …… (44)
政策目标二:监控学习的条件和结果(成熟) …… (47)
学校评估 …… (48)

政策目标三:监督服务交付(成熟) ……………………………… (50)
政策目标四:基于充分和透明的信息编制预算(先进) ………………… (51)
政策目标五:为贫困学生提供更多资源(成熟) ……………………… (54)
"委托学校"的财政和管理 ……………………………………… (56)
特殊教育 ……………………………………………………… (57)
政策目标六:有效地管理资源(先进) ……………………………… (59)
小结 …………………………………………………………… (60)
第五章 平衡自主权与问责制 ………………………………… (64)
引言 …………………………………………………………… (64)
政策目标一:学校预算规划与管理的自主程度(成熟) ………………… (65)
私立学校和公立学校对比 ……………………………………… (67)
政策目标二:人事管理自主权水平(成熟) ………………………… (67)
政策目标三:校委会在学校治理中的作用(新兴) …………………… (69)
政策目标四:学校和学生评估(成熟) ……………………………… (71)
政策目标五:学校问责制(新兴) …………………………………… (72)
总结 …………………………………………………………… (74)
第六章 创建有效的学生评估体系 …………………………… (77)
引言 …………………………………………………………… (77)
评估类型和目的 ……………………………………………… (77)
课堂评估(成熟) ……………………………………………… (79)
考试 …………………………………………………………… (81)
国家级的大规模评估(成熟) …………………………………… (86)
国际大型评估(成熟) ………………………………………… (87)
总结 …………………………………………………………… (88)
第七章 政策及实施与学习结果相结合 ………………………… (91)
引言 …………………………………………………………… (91)
上海 2012 PISA 成绩 ………………………………………… (92)
不同学程成绩比较 …………………………………………… (93)
比较不同学程学校之间个人和家庭背景特点 ………………… (96)
学校特点比较 ………………………………………………… (96)
对数学、阅读和科学素养的评估 ……………………………… (100)
问题解决的技能 ……………………………………………… (107)

利用学校特点评估问题解决能力 …… (108)
解决问题的性质与过程：解决不同性质、过程和学程问题的技能比较 …… (113)
不同性质和过程的成功概率评估 …… (115)
小结 …… (120)
数学、阅读和科学素养 …… (120)
问题解决 …… (121)
第八章　总结与讨论 …… (125)
引言 …… (125)
与数学、阅读和科学素养相关的因素 …… (129)
与问题解决技能相关的因素 …… (130)
对上海教育政策的思考 …… (131)
附录 A …… (134)
附录 B …… (140)
环境效益声明 …… (144)

绪　论

背　景

2012年经济合作与发展组织(OECD,简称经合组织)国际学生评估项目(PISA)结果的发布引发了对全球学生成绩新一轮的讨论和比较。PISA是一项国际评估,衡量的是15岁学生在阅读、科学和数学素养方面的能力。此外,PISA调查参与的学生、家长和学校校长,是基于广泛详细的、国际可比的背景信息的测量,涵盖了学生的家庭特征和学校系统的制度特征。2000年以来,PISA每三年举行一次。具体来说,2012年PISA深度测试了65个经济体的数学素养,并更新了其学生阅读和科学成绩的评估。2012年的PISA测试还包括了问题解决技能和理财素养模块。

在2012年的65个参与经济体中,中国上海在数学素养方面排名第一,平均得分为613分,比经合组织的平均水平高出119个百分点(相当于多接受约三年的教育)。中国香港、日本、韩国、列支敦士登、中国澳门、荷兰、新加坡、瑞士和中国台湾也是数学成绩名列前茅的经济体。上海在阅读和科学方面也取得了最高的成绩。上海在2009年首次参加了PISA测试,当时它在这三个科目中排名也是最高的。

自2009年以后,一场激烈的讨论一直尾随着上海的PISA故事。与此同时,专业的努力也试图"揭开"上海的秘密。例如,2013年10月22日,汤姆·弗里德曼(Tom Friedman)在其发表在《纽约时报》上的文章"上海秘密"中分享了他对上海的小学的看法:

> 当你坐在这里上课并碰到校长和老师时,你发现的是对一切基本要素的持续坚定的强调;我们知道这些基本要素能造就高水平学校,但难以在整个学校系统中一以贯之努力实现。它们是对教师培训、点对点学习(peer-to-peer learning)和持续专业发展的坚定承诺,家长对孩子

学习的深入参与，学校领导对最高标准的坚持，以及重视教育和尊重教师的文化。

2012 年，经合组织以一种类似但更为全球化的方式，将一系列表现优秀的国家的教育精髓，整合在一个短视频节目中，名为“表现优胜者和成功改革者”。视频中，上海的成功很大程度上归功于政府的领导和集中改善薄弱学校的政策。

然而，在一些关键维度上，该视频没有比较全面、系统、深入和客观地展现上海基础教育政策和实践。因此，本报告旨在系统地梳理和编录上海基础教育领域的政策及其实施。报告使用了世界银行开发的现有的系统诊断和标杆分析工具“取得更好教育成果的系统方法”（SABER），还运用了从学校校长调查得来的补充数据、以中文为主的现有研究文献以及关于教育支出和劳动力调查的其他数据和信息。

本报告还对 2012 年 PISA 测试中的学生表现进行了广泛的分析，并努力找出与整个上海学生表现差异相关的学校层面的变量。本报告试图采用一种系统方法（systems approach），但特别关注教师、教育财政、自主性和问责制的平衡以及学生评估。

本报告主要考虑到三类受众。最重要的受众是来自其他国家以及中国其他地区的有兴趣更多了解上海教育体系和政策的教育政策制定者。第二类受众是上海和中国其他地区的相关教育部门，因为该报告试图将上海与其他系统进行标杆分析，并在此过程中，根据其他国家的经验，确定上海的突出亮点、面临的挑战以及未来改革的建议。最后，由于其范围和深度，本报告可以作为第三类受众，即教育研究人员和政策分析人员的重要参考资料，并有助于指导上海未来的教育研究工作。

第一章　上海及其教育系统回顾

导　　言

上海位于中国东部沿海，是中国人口较多的城市之一。在行政上，上海被授予省级地位（与北京、广州和重庆一样，为直辖市）。作为一个省级市，上海被划分为16个县级区。尽管每个区都有自己的城市中心区，但一些区共同组成了主城，而其他地区则形成了郊区，由卫星城镇和远离城市核心的农村地区组成。

自1978年改革开放以来，上海已成为中国较大的经济中心之一，年人均GDP接近1.2万美元，接近世界银行的高收入门槛。制造业和服务业的贡献分别占到整个城市经济的48%和51%，农业仅占1%。

2010年，上海港超越新加坡港成为世界上最繁忙的集装箱港口。2014年，上海港创下处理超过3500万个集装箱的历史记录。上海已经设定了中长期发展目标：将城市建设成为世界上较优秀的经济、金融、贸易和航运中心之一，到2020年实现成为现代社会主义国际大都市的愿景。上海在教育成就方面也领先于全国，19%的成年人口拥有高等教育学位，另外，26%的成年人口受到了高中教育，相比之下，全国这两方面的数据只有8.9%和14%。[1]

中国的教育部负责全国的教育工作，负责制定全国教育发展目标和规划，制定各级各类教育的方针和政策，并监督其实施。然而，包括上海在内的省、市、自治区在制定和实施本地政策、制定自己的筹资融资战略以及省级具体目标和指标方面，都保有相对较高的自主权。权力下放的核心是教育财政。20世纪80年代，中国政府改革了教育财政体制，从一个只有窄小税收基础的体系转变为一个有多样化、更大规模财政收入的体系。在上级教育委员会和本地教育部门的指导下，县级政府成为负责义务教育经费筹措的部门。分权的教育财政政策是不同省份之间以及城乡之间教育成果差距的核心所在（Ngok，2007）。

上海的教育事务由中国教育部领导的上海市教育委员会管理。如图1.1所示，上海市教育委员会肩负着上海教育事务的主要责任，特别是为市属高等教育机构提供经费。尽管一些重点大学由教育部直接拨款资助和管理，但上海大部分的大学和学院由上海市教育委员会负责财务和管理。与此同时，区（在城市地区）和县（在农村地区）政府负责提供学前教育、九年义务教育和高中教育的经费。

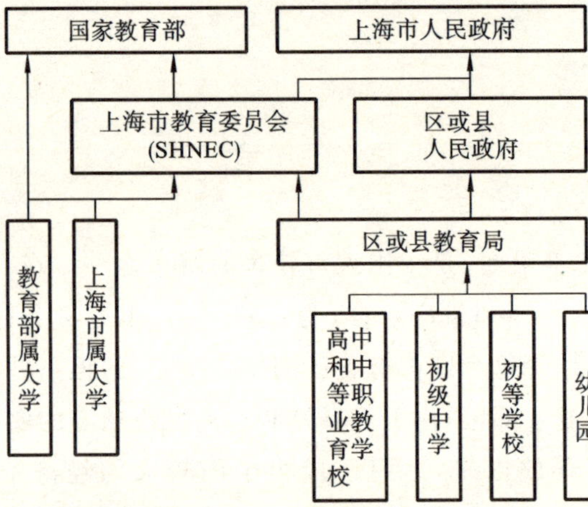

图 1.1　上海教育管理

图 1.2 说明了上海的教育结构。基础教育（在中国也被称为义务教育）包括初等教育（1—5 年级）和中等教育（6—9 年级）[2]。上海的教育系统在入学率、公平性和教学质量方面都已经发展到全国最好的水平，九年义务教育的净入学率①在过去的几年里保持在 99.9％不变，略高于全国平均水平的 99.7％。2013 年初中毕业生的升学率是 96％，而全国范围内的这一比例为 91.2％。[3] 2013 年，在 120 万名义务教育学生中，大约 47％，即大约 56 万名是外来务工人员的子女。上海让 77％流动儿童入学在临近公立学校上学，让其余 23％在私立学校入学但市政府担负他们所有的学费和杂费，因而在移民子女上学方面取得了显著的成绩。

在完成九年义务教育后，中国包括上海的学生，被严格按照初中毕业考试（中考）分数分流到各种各样的高级中学教育项目。这些项目包括普通学术教育或职业教育。[4] 普通教育这一轨道进一步被分成两种类型的项目或学校：精英的示范或实验高中和普通的高中。示范高中的录取名额竞争是激烈的。这些高中的毕

① 原文为入学人数——译者注。

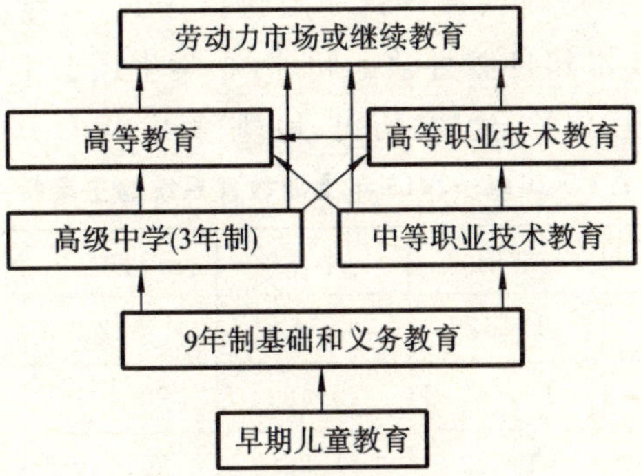

图 1.2　上海的教育结构

业生进入中国精英大学和一流大学或者国外世界一流大学的比例也是最高的。

政府是上海乃至全中国教育经费的主要提供者，特别是在义务教育阶段。2012 年(PISA)的数据证实，只有大约 10%的普通初中和职业学校是私立学校。[5]图 1.3 通过官方数据显示了各级各类私立学校在校生所占比例的趋势。提供义务教育(属于公民教育)的私立学校是非营利组织，归教育局管理。[6]他们往往沿用与公立学校相同的课程，大多接受政府各种形式的资助，包括给每个学生的补贴和教师培训，而且他们有资格获得项目专项资助。

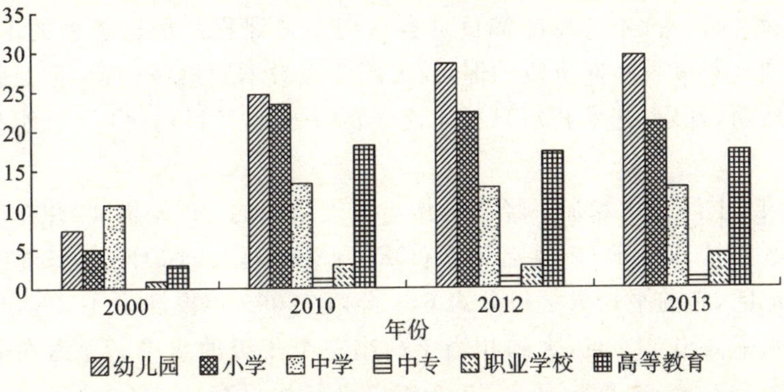

图 1.3　不同年份上海各级各类私立学校学生所占比例

(来源：Data from *Shanghai Statistical Yearbook*：*Education* 2014(http：// www. stats-sh. gov. cn/data/toTjnj. xhtml? y＝2014e).

表 1.1 展示了上海教育系统规模和教师情况的关键信息。值得注意的是，尽管整个上海的生师比在学前教育、小学、初中，甚至高中教育阶段都相当低，但平均班级规模几乎是生师比的三倍。这是由教学和课程组织的方式产生的。在每一年级中都有许多教室。每一教室都有一组学生跟同一个老师上同样的课，

一起升入下一个年级。基础教育科目一般包括语文、数学、英语、劳动技术、美术、音乐、体育、信息技术和自然科学。此外，小学生还会上伦理和社会课，而中学生则学习数学、物理、化学、生物、历史、地理、美术等。

表 1.1　2014—2015 年上海教育系统的主要特点

指标	学前	小学	初中	高中	中职
学校数量	1,462	757	522	246	104
班级数量	16,468	20,491	20,491	12,455	4,565
全日制教师数量	51,022	41,366	36,049	14,272	8,358
在校生数	501,030	792,476	436,696	156,817	153,298
生师比	1∶10	1∶19	1∶12	1∶11	1∶18
平均班级规模	30	39	35	34	—
上海毛入学率（百分比）	99.0	99.9	99.9	96.0	—
中国毛入学率（百分比）	67.5	99.7	104	86.0	—

注：—表示数据缺乏。

和大多数亚洲国家一样，分科设置课程和进行教学，是中国教育体系的惯例和主要特征之一。从一年级开始，学校的孩子们就由按学科接受培训和招聘的老师来授课。每一位主科老师都负责教这门主科课程。根据学校的不同，老师可能会在同一年级教不同班级的课，或者跨年级教不同班级的课，但只教一个科目的课。然而，音乐、艺术和信息技术之类的非核心科目的老师，可能教更多科目的课程。

2009 年，上海首次参加了经济合作与发展组织的 PISA 测试，并在所有三个科目（数学、阅读和科学）中排名第一（OECD 2009）。2012 年，上海继续成为表现最好的地区，它的平均数学得分为 613 分，比 2009 年提高了 4.2%，比经合组织的平均水平高出 119 点，大约相当于高出三个年级的水平。上海在阅读上的平均得分为 570 分，这意味着自 2009 年以来年均提高 4.6%，比经合组织平均 496 分大约超出一年半的教育水平。它在科学上的平均得分为 580 分，比经合组织平均 501 分以上精通水平（a proficiency level）的四分之三还多。此外，上海也是拥有高分段（达到精通 5 级或 6 级）学生比例最高的地区：数学（55.4%）、阅读（25.1%）和科学（27.2%）。在数学方面，有 55.4%的学生达到了 5 级或 6 级，由此，上海是唯一一个在 PISA 测试中取得顶级成绩的学生所占比例超过其他任何级别学生比例的参与测试的地区（见表 1.2）。

此外，上海是参与 PISA 的地区中较平等的教育体系之一。例如，该市抗逆力强的学生[①]比例最高(19.2%)。这里所谓抗逆力强的学生指的是，在控制社会经济地位变量后在所有参与国和经济体中排名前25%的处境不利学生。上海数学成绩与社会经济地位之间的相关程度也低于经合组织的平均水平。

表1.2　2012年上海PISA数学、阅读和科学成绩及OECD平均成绩一览

	指　标	上海	OECD平均
数学	平均分	613	494
	低分者(2级以下)比例(%)	3.8	23.0
	高分者(5级或6级)比例(%)	55.4	12.6
	分数年均变化(2009—2012年)	4.2	−0.3
阅读	平均分	570	496
	分数年均变化(2009—2012年)	4.6	0.3
科学	平均分	580	501
	分数年均变化(2009—2012年)	1.8	0.5

注:分数年均变化指的是PISA参与国家或经济体从最早参与那一年到2012年的PISA平均每年的分数变化。该变化值的计算考虑到了所有国家或经济体的PISA参与。

(来源:来自2014年OECD数据。)

上海的教育发展

上海有不断革新的历史，一直是全国各种改革包括教育改革的排头兵。自从19世纪中叶中国向世界开放以来，当西方传教士开始建立西式学校的时候，上海就一直走在最前沿，不断改革其教育体系和政策以适应社会和经济发展。表1.3展示了上海教育发展演变的主要阶段。1949年，新中国成立后，政府强调培养有助于建设新中国的技能。在长达10年的“文化大革命”期间教育遭到破坏之后，中国政府发奋重振教育，并在改革开放后进行了多轮教育改革，使教育更加符合现代中国社会的要求。迄今为止有三个战略文件指引了教育改革的总体方向:①1988年国务院《关于教育体制改革的决定》;②1999年国务院《关于深化教育改革，全面推进素质教育的决定》;③2010年国务院《国家中长期教育改革和发展规划纲要》。上海紧密跟随中央政府的改革指导，推动了相应的教育改革，成为全国教育创新的龙头。

① Resilient students，亦译成“适应力”或“复原力”强的学生——译者注。

上海作为中国的试点城市之一，现在正开始进行“全面教育改革”。这一阶段的教育改革将进一步强调下列政策：缩短质量和入学公平之间的差距，促进儿童中心的教与学，培养21世纪技能和终身学习所需要的创新性和创造力。

表1.3 上海基础教育改革的发展阶段

阶段	国家主要事件	上海影响和活动	结　果
西方对上海教育影响的开始(1843—1949)	《南京条约》(1842)：国际贸易关系 自强运动(1861—1895)：采用西方知识和技能； 抗日战争(1928—1945)	对当地教育实践产生国际影响 西方传教士设置新式学校 教师培训制度在上海出现 到1940年代传教士创立了独立的(教会的——译者注)系统 上海实行了国民教育制度(1945—1949)	多维教育结构的出现 教师培训制度化 跨国学习西方文学并把它们翻译成汉语版本
大众教育的发展(1949—1966)	1949年新中国成立	新成立20余所高等教育机构(包括2所培训教师的师范大学) 在第一个五年计划中一些新的学校建立起来 引入服务工农业的职业教育	开始建立服务全体国民的公共教育系统 工人阶级的教育大众化 培养新中国的专家和工程师
教育遭受破坏时期(1966—1976)	“文化大革命” 教育被视为政治灌输的手段 中央统一规划	一些常规学校和学院被关闭； 依据毛泽东思想和生活方式，学生、教师和知识分子被送到农村接受“再教育” 历史典籍和文化遗址遭到破坏 课程和行政管理实行中央集权控制	教育发展倒退 一整代人的教育匮乏 窒息了教育的多样性和创新 中等和高等教育的损失

续表

阶段	国家主要事件	上海影响和活动	结　果
教育的结构恢复、调整和发展时期(1977—1999)	国家教育委员会建立(1985) 权力下放和市场化； 主要法规政策：《义务教育法》(1986)；《关于教育体制改革的决定》(1988)；《中国教育改革和发展纲要》(1993)；《中华人民共和国教师法》(1993)；《教育法》(1995)；《职业教育法》(1996)；《高等教育法》(1998)	青浦实验(1977—1992)：聚焦于改善数学教学法；成功提高学生成绩；后来延伸到其他学科，并影响全国的教学实践 上海成为首个普及小学和中等教育的城市(1985) 上海对教育具有较大的地方控制权 地方课程改革时代(一)(1986—1997)：聚焦于教材内容、学科分类、教学法、学科教学法以及评估取向	全国性教与学驱动力 各种教育规章制度的合法化 权力向地方当局转移 教育与经济现代化相结合 完成九年义务教育的普及 普通和职业高等教育的大众化 从标准化的全国统编教材转向教材实验和多样化 上海凸显为一种教育模式
质量和公平取向(1999—2009)	《关于深化教育改革，全面推进素质教育的决定》(1999) 《关于基础教育改革和发展的决定》(2001) 《关于进一步加强农村教育工作的决定》(2001) 《中华人民共和国义务教育法》(2006年修订)	地方课程改革时代(二)(1999—2007)：详细说明学生中心的学习和终身学习，发挥主观能动性及实践能力，课程改革的基本原则与各学校足够的自主权 发布精心制定的《上海中小学校建设标准》(2004) 大规模课外辅导受到禁止(2006) 发布《上海中小学生综合素质评价方案》(2006) 促进郊区教育公平的政策(2007) 上海参与2009年PISA而且排名第一	教育系统的全面振兴，涉及教育思想、制度、内容和方法 以往对考试的痴迷有所减弱 学习风格有所改变：从学科中心的机械学习转向综合的问题解决 强调农村和流动人口的教育机会公平和质量 2009年达成几乎全体学生的(99.7%)小学和中学教育 国际上形成对上海教育成就和实践的注意

续表

阶段	国家主要事件	上海影响和活动	结　　果
为了每个学生的终身发展(2010至今)	发布《国家中长期教育改革和发展纲要》(2010) 教育支出占GDP的比例达到4%(2012) 教育管、办、评分离,促进政府职能转换(2015)	上海市和中央政府联合建设“国家教育综合改革基地”(2010):通过加强地方支持全国战略的能力,加速上海教育现代化进程 发布《上海市义务教育阶段学校办学基本标准》(2011) 发布《中小学生学业质量绿色指标》(2011) 2012年上海再次排名PISA第一 通告实施上海校本教育质量保障体系建设试点(2015)	承认文化多样性,学生个体需求,教师工作、专业发展和生活质量等问题 加强薄弱学校的政策得到进一步发展 转变政府行政职能,从详细指导转向评估,再到强调学校的自主权和问责制 发展高质量的高等、职业的技能,发展信息通信技术专业 提升对发展中的上海和中国作为有竞争力的全球教育模式的兴趣

注　释

[1] 国家统计局,2013(http://data.stats.gov.cn/easyquery.htm?cn=C01&zb=A0306&sj=2010).

[2] 中国教育结构包括6年制小学、3年制初中和3年制高中。

[3]《中国统计年鉴:教育(2013)》(http://www.stats.gov.cn/tjsj/ndsj/2013/indexeh.htm).

[4] 中国政府提出了维持普通高中和中等职业学校学生1∶1比例的指导意见。

[5] 私立教育在汉语字面上翻译成“民办”教育以淡化纯私立教育的营利性。

[6] 一些国际学校或其他国家建立的学校,如德国人的或美国人的学校,都在运作而且只招收非中国籍学生;这些学校被认为是公民教育之外的,不受县或区教育局的监督。

参考资料

[1] Ngok，K. 2007. " Chinese Education Policy in the Context of Decentralization and Marketization：Evolution and Implications." Asia Pacific Education Review 8 (1)：142-57. http：//files. eric. ed. gov/fulltext/EJ768972. pdf.

[2] OECD（Organisation for Economic Co-operation and Development）. 2009. "PISA 2009 Executive Summary." OECD Paris. http：//www. oecd. org/pisa/pisaproducts/46619703. pdf.

——. 2014. PISA 2012 Results in Focus：What 15-Year-Olds Know and What They Can Do with What They Know. Paris：OECD Publishing. http：//www. oecd. org/pisa /keyfindings/pisa-2012-results-overview. pdf.

第二章　分析教育政策并与实施和学习成果相结合的系统方法

导　论

指导背景研究和本报告的主要原则是世界银行的“取得更好教育成果的系统方法”(SABER),以及进一步将教育政策与实施和学习成果联系起来。教育制度和政策常常被分割为教师、经费、课程、评估等等,而不是试图把它们结合起来。本报告采用了SABER及其他工具,收集了包括教师、学校资助、学校自治和问责、评估以及私立教育在内的多个领域的政策和机构信息,从而形成了上海基础教育体系的全面图景。

教育政策分析的另一个常见趋势是考察各种教育投入,并试图将它们与学习结果联系起来。这种方法在很大程度上受到教育生产哲学(the education production philosophy)的影响,往往忽视了在课堂和师生互动中发生的复杂的教育过程。本报告试图通过收集政策和机构的信息以及政策在学校层面多大程度上得到实施的信息,然后将这些信息与国际学生评估项目得来的学习结果(见图2.1)联系起来,来填补教育研究的某些空白。通过这种方式,我们努力将这些结果与一些具体做法和政策联系起来,这些做法和政策连通单纯的投入和学习结果,并可能被借鉴到其他环境或国家。

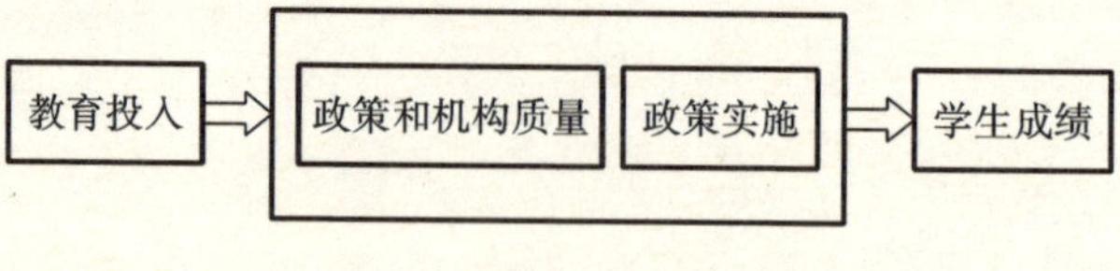

图2.1　教育生产的黑匣子

(来源:Adapted from Rogers 2015.)

衡量政策目的和 SABER 工具

收集和编录特定国家教育系统的政策信息的努力不计其数。然而，没有统一的数据收集标准，也没有一个共同的框架可以用来对政策加以比较，并对照“良好实践”做基准分析。研究人员和政策制定者经常发现自己置身于政策信息的海洋中，不得不依靠自己的知识和经验来解读数据，并提出建议。世界银行全球教育发展实践局(Education Global Practice)开发了 SABER 作为一种政策信息收集和诊断工具，用于分析和比较全球教育系统的不同政策领域。SABER 主要用于衡量明确表达的政策目的，通常基于官方发布的政策信息。现有的 SABER 模块如图 2.2 所示。

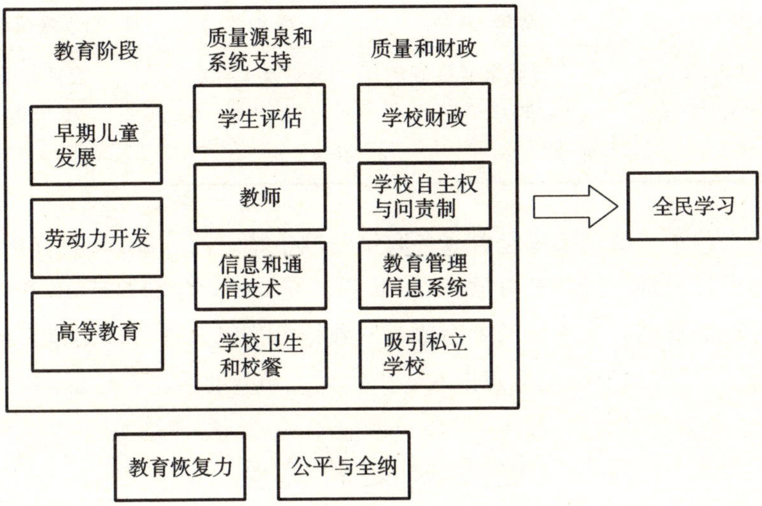

图 2.2　SABER 域或政策领域

(来源：Abdul-Hamid 2014。)

在图 2.2 的政策领域中，本报告选取了上海儿童早期发展、教师、学校财政、学校自主权与问责制、学生评价等进行深入评估。儿童早期发展后来被排除在本报告之外，因为基础教育在中国只包括六年的小学教育和三年的初中教育。

每一个 SABER 模块都有许多政策目标，这些目标基于迄今为止关于“什么对教育很重要”的一些教育研究证据的全面考察。每个政策目标都被进一步细分为若干政策杠杆，这些杠杆就是政府实现政策目标所能够采取的具体的政策措施。本报告的所有数据都是使用 SABER 数据收集工具在上海收集的，以确保与其他教育系统的可比性。数据收集工具包括一组具体的指标用来衡量每个政策杠杆在何种程度上完成了目标。

我们使用评分规则来分析收集的政策数据，并进一步将每个政策杠杆所获分数分为四个级别：潜在、新兴、成熟和先进，如表 2.1 所示。“潜在”级别分数表示该指标背后的政策尚未到位，或对相关教育政策的开发还有限。“新兴”级别分数表示政策已在实施，一些实践的效果好，但政策仍在发展过程中。“成熟”级别分数表示计划或政策的实施效果良好并达到最低标准，但可能在内容和范围上有限。“先进”级别分数表示项目或政策实践效果最好，并可与国际标准同等看待。

表 2.1　SABER 计分规则

潜在 ●○○○	新兴 ●●○○	成熟 ●●●○	先进 ●●●●
表明政策尚未产生，或者政策发展有限	表明政策有良好的实践，但政策仍在发展中	表明政策有良好的实践，但内容或范围有限	表明政策可视为一种国际最好的实践

接下来的章节都是按照包含在各政策领域中特定的 SABER 目标来组织的。每个目标的评分都经过与各自的 SABER 团队充分的讨论和验证，并严格遵守特定目标计分的规则。从学校调查中收集的数据无论何时都可以用来说明这些政策的执行情况，即政府的政策意图在多大程度上被转化为学校层面的实施。

衡量政策的实施

在许多国家，由于各种限制，如缺乏资源、能力或政治意愿等，政策意图或声明并非总能得到执行。在一些低收入国家，政策和执行之间的差距可能是相当大的。要衡量政策执行的程度，尤其是在学校层面，就要在政策与学生的学习成绩之间建立更紧密的联系。因此，除了使用 SABER 模块评估教育政策外，本报告认真收集数据，来研究官方政策在学校甚至课堂上的落实程度。

研究团队紧扣主题设计了调查问卷，并与上海师范大学合作对 153 所学校校长进行了调查，以便了解每个 SABER 模块下教育实践与政策目标的关系。153 所学校的样本包括 2009 年和 2012 年参加 PISA 测试的初中学校。PISA 实行随机抽样策略，选择代表参与国家或地区的学校和学生样本。因此，可以认为，从这153个学校的调查中获得的结果是上海教育实践的反映。

另外的数据和信息都来自中国和国际上关于具体政策效力的现有研究，不过这些研究大多数只有很小的样本。例如，教育支出数据与从劳动力调查中获得的教师工资信息一起被采用。本报告还参考了与校级教研小组有关的研究，以强调校级专业发展的这一重要实践。

将政策意图及其实施与PISA学习结果的测量联系起来

为了更好地理解政策的影响，下一步工作就是将政策及其实施与学生学习成果联系起来。本报告利用PISA 2009和PISA 2012的横向数据来调查学校层面有哪些特点（政策和政策实践）与上海15岁儿童的数学、阅读、科学素养以及问题解决的能力有关。本报告还特别指出了不同学校特点与学生的数学、阅读和科学素养的联系方式。对于PISA在每种学程（初中、普通高中及职业高中）三个领域的分数，我们用学校特点和个体及家庭背景特征控制进行了回归分析。此外，上海的目标是发展成为具有全球竞争力、拥有善于创新和批判并拥有强大的问题解决技能的年轻一代的城市，本报告的分析还利用了2012年PISA中新的解决问题模块来考察家庭和学校特点对学生问题解决技能的影响。这样，本报告试图建立对政策、政策实施和学生成绩相互关系的循环分析。

本研究的局限

本项研究的局限性需要预先加以确认。本研究将PISA和SABER两种工具相结合，只能片面测量上海复杂和多层的教育系统。PISA仅仅测量学生在学校系统中学习成绩的表现，而且只限于在少数几个科目和能力上。同样，SABER工具的目的是评估政策和制度环境，并诊断需要改进的领域。这两种工具都不能完全把握上海当前教育体系和过程的复杂性。为了克服这一限制，我们通过多种方式努力补充信息，比如，对学校校长的调查，对上海重要教育思想家的采访，以及与上海市教育委员会工作人员的详细讨论等。然而，必须指出的是，尽管对上海人口随机取样选择了代表性人口，但主要调查（$N=153$）都是通过自陈报告进行的，因此受到相关偏见的影响。

另外，由于不同的SABER模块（SABER-教师、SABER-财政、SABER-学校自主权和问责制，以及SABER-学生评估）所测量的政策目标和指标中存在测量结果重叠，这些重叠导致对最终结果记录的重复，这在本报告的后续章节中很明显。不过，这一做法使我们能够通过多种政策视角来全面看待问题。

参考资料

[1] Abdul-Hamid, Husein. 2014. "What Matters Most for Education Management Information Systems: A Framework Paper." SABER Working Paper 7, World Bank, Washington, DC. http://wbgfiles.worldbank.org/documents/hdn/ed/saber/supporting_doc/Background/EMIS/Framework_SABER-EMIS.pdf.

[2] Rogers, H. 2015. "Tools to Measure Teacher Performance and Skills." World Bank, Washington, DC. http://www.worldbank.org/content/dam/Worldbank/Event/ECA/central-asia/1%20Tools%20for%20measuring%20teacher%20performance_Halsey%20Rogers_Bishkek.pdf.

第三章　吸引和发展一支卓越教师队伍

导　言

毫无疑问，教师是教育中最重要的投入。毫不夸张地说，在学生和教师互动的每时每刻，学习都在发生。本报告采用了“取得更好教育成果的系统方法”中的教师模块（SABER-教师）来收集和分析 10 个核心教师政策领域的政策和制度数据（见表 3.1）。补充 SABER 所得政策数据的途径是：校长调查（$N=153$），对教师和上海市教育委员会的工作人员进行的访谈，对不同的政策和研究文献的评论。

“SABER-教师”模块分析了表 3.1 中所列 10 个领域的教师政策数据，以评估每个系统在实现 8 个教师政策目标方面的进步（见图 3.1）：①为教师设定明确期望；②吸引最好的从教者；③为教师提供有用的培训和经验；④使教师技能适应学生需求；⑤让校长领导教师；⑥监督教与学；⑦支持教师改善教学；⑧激励教师做好工作。世界银行（2013）提供了关于“SABER-教师”更详细的信息以及该工具设计的证据基础。

表 3.1　“SABER-教师”模块下数据收集的教师政策领域

序号	内　容
1	关于教师新进和留任的要求
2	职前教师教育
3	招聘和雇用
4	教师的工作量和自主权
5	专业发展
6	报酬（工资和非工资福利）
7	退休规定和福利
8	对教师质量的监测和评价

续表

序号	内　　容
9	教师代表和意见表达
10	学校领导

（来源：世界银行，2013 年。）

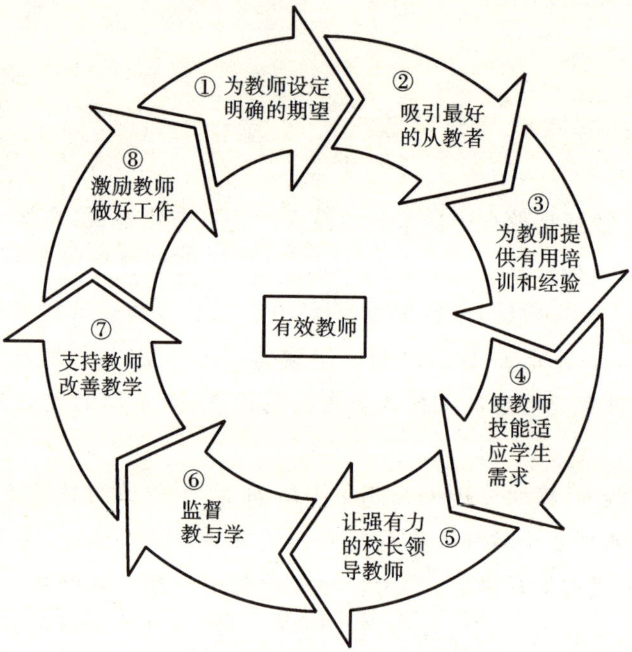

图 3.1　“SABER-教师”模块下八大教师政策目标

（来源：世界银行，2013 年。）

总的来说，如表 3.2 所示，根据“SABER-教师”可以确定：上海的教师政策环境得到的评分可以介于“成熟”和“先进”之间。

表 3.2　2015 年上海“SABER-教师”模块评分

政策和资源框架(目标和指标)	SABER 分数
为教师设定明确的期望	●●●●
(1)为学生学习和官方正式任务设定明确期望	●●●○
(2)为教师工作时间的使用提供有用指导	●●●●
吸引最好的从教者	●●●●
(1)确保入职要求吸引有才能的申请者	●●●○

续表

政策和资源框架(目标和指标)	SABER 分数
(2)提供有竞争性的工资	●●●●
(3)确保工作条件吸引人	●●●●
(4)提供有吸引力的职业生涯发展机会	●●●●
为教师提供有用培训和经验	●●●○
(1)确定职前教师培训学程最低标准	●●●○
(2)确保新入职教师熟悉课堂教学	●●●●
使教师技能适应学生需求	●●●○
(1)激励教师去很难招到教师的学校从教	●●●●
(2)激励教师从事严重短缺教师的科目从事教学	●●●○
让强有力的校长领导教师	●●●○
(1)投资于合格学校领导的发展	●●●●
(2)期待校长支持和改善教学实践	●●●○
监督教与学	●●●●
(1)确保学生成绩的数据可用于指导教学和政策	●●●○
(2)建立评估和监督教师绩效的系统	●●●○
(3)提供多种机制来评估教师的绩效	●●●●
支持教师改善教学	●●●○
(1)提供专业发展机会	●●●○
(2)确保专业发展活动是协作性的,并重点关注教学改进	●●●●
(3)确保专业发展是有需求的	●●●○
激励教师做好工作	●●●○
(1)将职业机会与绩效联系起来	●●●○
(2)提供机制让教师负起责任	●●●○
(3)把教师报酬与绩效挂钩	●●●○

注:评分规则为潜在●○○○,新兴●●○○,成熟●●●○,先进●●●●。

政策目标一:为教师设定明确期望(先进)

上海对学生成绩有明确的标准。《上海市中小学课程计划》提供了关于上海1—12年级各科目的学习目标、课程结构、课程设计标准、学习材料以及评估的总体指导方针。此外，该市还为各学科发布课程标准，详细说明学生每年通过该学科必须获得的知识领域和技能。

表 3.3 提供了 1—2 年级语文学生学习目标的例子。它证明了这些目标既包括可量化的指标（例如，识别大约 2000 个普通汉字和书写 1000 个汉字），也包括能力描述。表 3.4 类似地显示了 1—2 年级摘选出来的数学目标。课程标准是教师日常工作与学生学业成绩相结合的重要参考。

表 3.3　1—2 年级语文学生学习目标摘选

到 2 年级结束时，学生将能够做到以下几点
（1）正确阅读汉语拼音[a]，指导如何使用词典，辨识大约 2000 个常用汉字并书写 1000 个汉字。
（2）理解教材内容，阅读短文后表达观点。
（3）认真倾听他人的意见，积极沟通。
（4）写几个完整的句子来表达观点。
（5）参与班级、学校和社区层次的活动

a. 拼音是一种标准的罗马拼写系统，是汉语普通话读音标注。

（来源：上海市教育委员会，2005 年。）

表 3.4　1—2 年级数学学习目标摘选

到 2 年级结束时，学生们将能够做到以下几点
（1）理解和比较数字；会加、减、乘、除；会估算。
（2）解决简单的数学方程式并应用于实际问题。
（3）计算各种形状的周长和面积。
（4）理解统计图表并进行简单的分析，比如计算平均值

（来源：上海市教育委员会，2005 年。）

对校长的调查可以说明课程标准是如何实现的。该调查证实，在接受调查的学校中，有九成学校要求教师根据教学标准设计详细的教案，并监督教案的实施情况。此外，81％的学校定期组织教师参加研讨会，以研究他们学科的课程标准。

对教师的任务有明确的期望。《教师法》明确了教师的一般义务。教师不仅应该履行省一级教学合同并开展上海市教育委员会建议的学校教学计划（见表 3.5），而且应该致力于学生的德育、体育和智力发展，为学生组织相关的学习活动。教师还被期望能够提高教师自身的伦理道德和教育专业知识。在上海，教师的责任除了在课堂上的教学以外，还包括课外的活动和专业发展。

表 3.5　小学教育各科教学时间

学　科	教学时间
语文、数学和英语	每节 35 分钟×每周 15 节(1—2 年级)
	每节 35 分钟×每周 13 节(3—6 年级)
音乐、体育和艺术	每节 35 分钟×每周 18 节
其他科目	每节 35 分钟×每周 16 节

（来源：上海教育委员会，2005 年。）

教师的正常工作时间是每周 5 天每天 8 小时，包括教学和非教学时间，周末加班会得到补偿。上海的教育系统公布教师需要在课外花费时间工作。平均而言，上海的教师每周花 14 个小时在实际教学上，也就是说，比 2013—2014 年国际教与学调查(TALIS)平均每周工作 19.3 小时少了 5 个多小时(见图 3.2)。然而，对上海教师的调查报告显示，教师每周在备课和学生辅导方面花费的时间比 TALIS 其他参与国的时间要多(OECD，2014)。此外，上海教师似乎花费相对较少的课堂时间(8%)用于维持课堂秩序，TALIS 2013—2014 年这一时间平均是 12%(见图 3.3)。总的来说，上海教师尽管每周花在教学上的时间相对较少，但与 2013—2014 年 TALIS 平均 79%相比，大部分上课时间(86%)都花在了实际的教和学上(OECD，2014)。

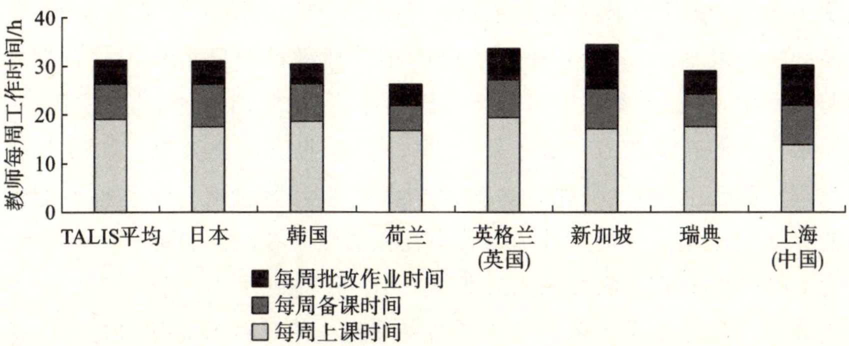

图 3.2　各类教学和非教学活动中的工作时间分布

（来源：OECD 2013，2014。）

在国家层面，教育部发布的《教师和教育工作者奖励规定》(1998 年)指导并激励教师参与课程设计、学校规划制定和研究活动。在教学和非教学任务中成绩突出的教师被授予“模范教师”称号并获得奖金。在上海市层面，地方法规规定教师应花时间改进教学，以加强学科知识和教学方法。

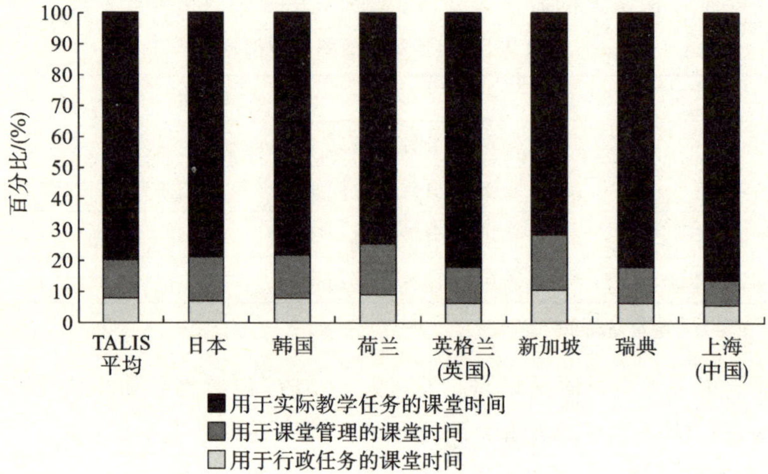

图 3.3　每周用于各类教学和非教学活动的课堂教学时间分布

(来源:OECD 2013,2014。)

政策目标二:吸引最好的从教者(先进)

在上海,教师是备受尊重的职业,有一整套入职要求。小学教师至少要有三年制大专学历(大专相当于国际教育标准分类中的 5B 级),中学教师至少要有四年制学士学位(相当于国际教育标准分类的 5A 级)。除了学术要求外,所有候选人还必须通过笔试,才能获得在上海中小学任教的教师资格证。在学校层次的招聘过程中,候选人参加面试和模拟教学评估,在此期间他们会进行一小段教学来展示自己的教学能力。多年来,上海的教师职位竞争激烈。2014 年冬天的上海教师招聘会上,即使是拥有名牌大学或海外大学的硕士学位也不能保证候选人能够找到工作。学校在教师招聘中往往高度重视教学技能。

为了吸引更多的求职者进入教师队伍,上海提供了加入教师队伍的多种途径。途径之一就是接受三年制或四年制高等院校的师范教育学习过程。这些学习过程让学生在课堂上掌握学科知识、教学技能和一些实际经验(毕业前的实习)。师范院校毕业生获得学位和教学资格,并在教师候选人中占重要比例。此外,任何达到教师最低学历要求并成功获得教师资格证书的人都可以申请成为一名教师。这些路径使得教师队伍的入口更加灵活,所以应届师范毕业生和有才能的其他专业人士都有机会成为教师。在被调查的 153 所学校中,平均 85% 的教师是师范院校毕业生。

中央政府还采取激励措施来增加教师候选人和留住教师。自 2007 年以来，6 所部属师范大学为那些愿意在毕业后从教 10 年以上(至少在农村地区 2 年)的教师候选人免除学费并提供生活费。2014 年，上海启动了两项人才招聘计划，积极招聘不一定毕业于师范专业的高素质候选人：一项计划是招聘上海 4 所顶尖大学的毕业生；另一项计划是到北京的一些顶尖大学举行招聘会，鼓励应聘者到上海从教。

教师工资是有吸引力的，而且根据业绩和服务年限的不同而有所不同。在上海，对教师职业的普遍看法是，它是一个经济收入稳定的中产阶层职业。事实上，《教师法》规定教师的平均工资应该等于或高于中国公务员的平均工资。2013 年，上海的人均 GDP 值超过 9.01 万元，而新教师的平均起薪约为 8 万元，相当于人均 GDP 的 89%。新教师的起薪可与世界上其他国家的工资相比较(表 3.6)：在芬兰，新教师的平均起薪为人均 GDP 的 89%；在日本，这一比例为 84%；在韩国，这一比例为 113%；在美国，这一比例为 79%(OECD，2011a)。

表 3.6　新教师工资占人均 GDP 比例

国别或城市	占人均 GDP 百分比
中国上海	89%
芬兰	89%
日本	84%
韩国	113%
美国	79%

2010 年，上海中小学教师的平均年薪为 100472 元，是全国最高的。2014 年，就业部门对城市单位进行的一项调查证实，上海从幼儿园到高中的所有学校的教师平均年薪为 96165 元，远远高于全国平均的 56580 元(《中国统计年鉴 2015》)。

除了舒适稳定的工资外，全职教师还可享受上海的医疗和退休福利。此外，上海还引入了绩效工资结构，将教师工资分为两大部分。

(1) 基于工龄和职称等级的基本工资。服务年限较长的教师、更高级别的教师(基于评估认证)或承担额外责任的教师，其基本工资更高。

(2) 基于绩效的工资。30%的工资支出基于教师的业绩，该部分工资进一步分为三个部分：一是由上海人力资源和社会保障局和上海市财政局制定的与岗位有关的津贴；二是根据教师每月授课的数量和上海市规定的教师工作量发放津贴;三是绩效奖励,在这一年中表现出色的教师获得较高的绩效奖励。

就全国范围而言,教师薪酬水平似乎不那么有吸引力,因为教育财政主要是地方政府的责任。由于地方政府的财政能力各不相同,他们对教师的补偿能力也各不相同。根据 2014 年全国工资调查(《中国统计年鉴 2015》),在教育部门工作的专业人员的平均工资为 56580 元,在 19 个行业中排名第十,略高于全国平均水平的 56360 元(见图 3.4)。

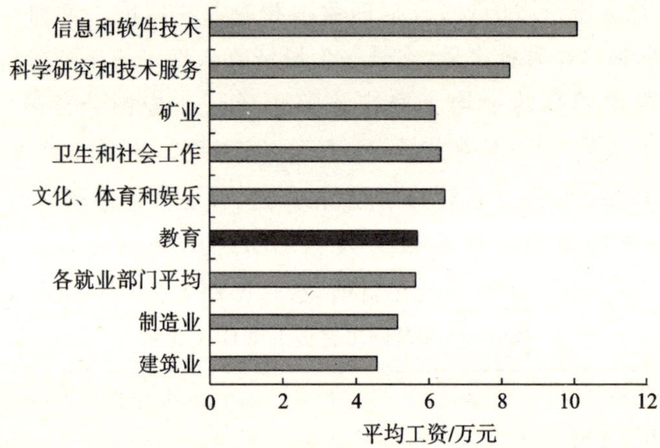

图 3.4 2013 年中国各行业平均工资

(来源:《中国统计年鉴 2015》。)

有研究显示,薪酬待遇会影响个人是否选择教师职业(Boyd et al. 2006; Dolton 1990; Wolter and Denzler 2003)。在上海,有吸引力的工资和福利待遇有助于吸引新教师。此外,表现出色和服务年限长的教师能获得比新教师高几倍的报酬。这种工资分配结构在一定程度上鼓励教师留任,并鼓励教师致力于不断提高知识和技能。校长有权分配的绩效工资,占教师总工资的 9%。但这种水平的绩效奖励可能还不足以激励教师争取达到学校想要的优秀教学水平。

教师的工作条件是有吸引力的。上海所有学校都必须遵守学校的基础设施标准。学校还必须遵守卫生标准并定期接受检查。小学和中学通常为每位教师提供一台计算机以辅助日常工作。

学生与教师的比例也有利于在上海建立适当的工作条件。2012 年,小学的生师比例为 16∶1,中学为 12∶1,与其他高绩效国家持平(见图 3.5)。上海也设定了班级规模的上限,任何班级都不能超过 40 名学生。和许多东亚国家一样,中国上海从一年级开始的所有教师都是按科目来接受培训、招聘和组织的。每一位主科教师负责教自己的专门学科。

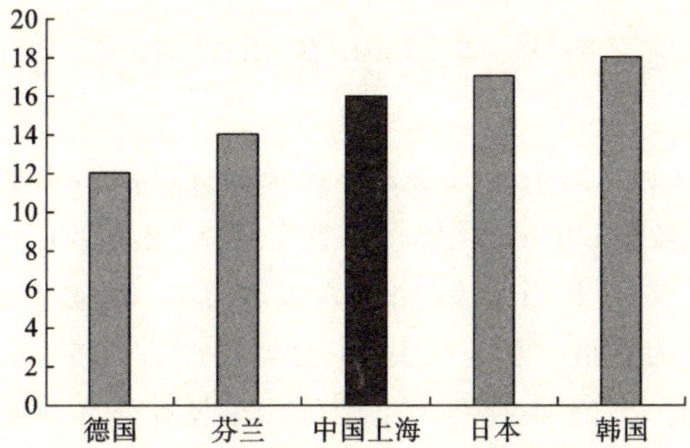

图 3.5　2012—2013 学年小学平均生师比

（来源：世界银行 2016 年数据。）

教师可以申请学校系统的学术和行政职位，承担更大的责任。在许多国家和地区的教育系统中，一个人要么是教师要么不是教师。与此不同的是，在上海的教育系统中，教师有机会通过一个非常明确的五级晋升系统（见表 3.7），在他们的教学生涯中获得专业上的发展。

表 3.7　教师职称晋升系统

等级	要　求
三级教师	工作年限 1—3 年
二级教师	工作年限 3—5 年＋已获得三级教师职称＋校级内部评价
一级教师	工作年限至少 5 年＋已获得二级教师职称＋校级内部评价＋区级外部评价
高级教师	工作年限至少 5 年＋已获得一级教师职称＋校级内部评价＋区级外部评价
特级教师	只授予工作年限长而且教学实践表现卓越的教师

（来源：上海嘉定区教育局，2014 年。）

在该制度下，教师会定期接受评估，并基于其服务年限和教学表现，晋升到更高的职位，工资也同时增加。在被调查的 153 个学校中，97％的学校设立了专门的委员会来评估教师的晋升资格。有一定数量的中小学特级教师被聘为师范大学的教授，为师范生提供实习指导。这一职业生涯发展阶梯提供了一种有效的机制来培养优秀的教育工作者，并将其保留在教师队伍中。

政策目标三：为教师提供有用培训和经验（成熟）

在上海，教师候选人的最低受教育程度被提高。国家规定小学教师需要接受为期三年的高等教育（相当于国际标准教育分类5B级教育），中学教师需要接受四年的大学本科教育（相当于该标准5A级教育）。然而，在实践中，对教师候选人的学历要求更为严格。总的来说，在接受调查的学校中，有97%的学校在决定招聘时，要求候选人至少拥有学士学位。在现有的教师队伍中，调查显示，94%的教师已经拥有学士学位。国际学生评估项目2012年上海调查显示，97.6%的教师拥有教师资格证书，不同学校之间差别很小（标准差=16%）。

因此，大多数经合组织国家和表现优异的东亚国家要求教师岗位的求职者至少拥有相当于国际教育标准分类5A的学士学位。芬兰则要求教师拥有一个研究型硕士学位（OECD，2011a）。

教育实习生和新教师有机会获得教学实践经验。上海三年制和四年制高等院校的教师教育课程一般都包括一个为期六个月的课堂教学实习期。这种职前的教学实践经验使新教师能够运用他们的教学方法，并获得管理课堂的具体技能。

调查结果显示，86%的学校要求教师完成为期2周至24个月的课堂教学，作为其职前培训的一部分。此外，上海基础教育阶段所有教师在工作的第一年都必须通过为期一年的入职培训课程来获得教学实践经验，这一阶段也作为试用期，合格者才算正式录用。"入职试用"时期要求教师将50%的时间用于课堂教学，另外50%的时间则在本区教师培训中心接受专业培训，培训内容包括伦理学、教育学和学生活动设计。这个学程为新教师创造了一个支持性的环境，在他们的第一年教学中分享他们遇到的问题，并提供有针对性的培训以加强他们的教学技能。如果新教师在一年的试用期中不符合学校要求，或者未能通过培训中心和学校组织的评估，学校就没有义务正式聘用他们。试用期也允许新教师自己进行反思，并确定教师是否确实是他们的未来职业。如果他们决定不做教师，或者想要到其他学校去工作，他们就可以不签署劳动合同。

在试用期中以及在成为正式教学队伍一员后，教师都是学校教学研究小组的一员。教研组通过学科将教师聚集在一起。这些教研组经常开展各种教学活动，如辅导、同伴指导、示范课程、共同备课以及学习新的课程标准和教学方法。教研组的组织和活动成为教师在学校的教学和工作生活的重要组成部分。稍后将讨论教学研究小组的详细情况。

上海的教师一般都有很高的学科知识水平，特别是在数学、语文和英语这些核心科目领域。图 3.6 显示，所选上海农村教师样本中语文、数学和英语三科教师考试的平均分数分别为 150 分中的 105 分、110 分和 123 分。最低的平均分数出在音乐，因为音乐不是高中入学或大学入学考试要考的内容。

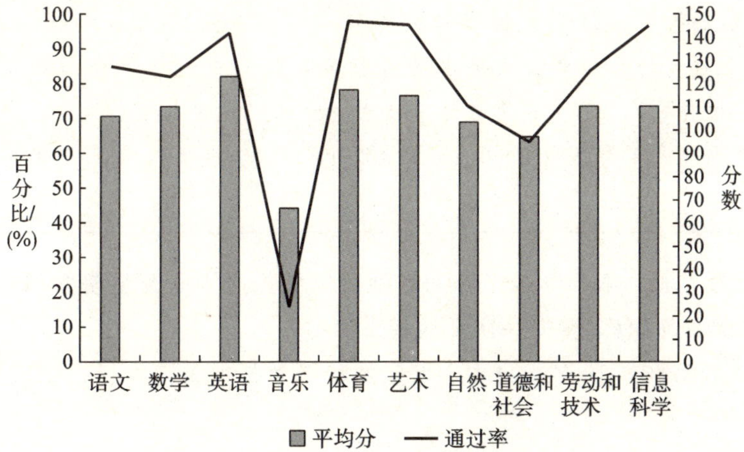

图 3.6　上海农村教师考试分数和通过率

（来源：Xu 2014.）

政策目标四：使教师技能适应学生需求

上海激励教师和校长到难以招到教师的学校去工作。这些学校通常位于农村和郊区，那里的交通需要花费更长的时间，学校招收的学生中移民子弟和弱势学生较多，这可能会加剧学习成绩的不平等。基于对这些问题的认识，上海采取了一系列举措，以便在农村地区加强教师和领导队伍。这些举措的核心是教师和行政人员灵活的、临时的轮换，并通过固定的激励措施，帮助利用城市的资源为贫困人口提供服务，以便陷入困境的学校迎头赶上（文本框 3.1）。

文本框 3.1　案例：关于金山一位教师经历的叙述

袁晶晶是一位从中心城区临时轮换到金山郊区的特级教师。“我评上特级教师后到金山任教，身边朋友把这称为一份‘有瑕疵’的礼物。但我通过几个月的支教，不仅收获了自身成长，也看到了我的工作给金山学前教育带来的变化，这是一份暖心的好礼物。”

自从袁晶晶被派往金山成为教师研究小组的负责人以来，她把自己丰富的教学经验与新学校的教师们分享。她认为，教师评估不应该仅限于年终考试，而是应该基于教师在教学中多大程度上融入了“过程比结果更重要”的价值理念。她积极鼓励教师认真地教和观察儿童，并不断地综合和反思课堂实践。袁晶晶很快获得了其他教师的信任和尊重，并为金山的教学做出了贡献。越来越多的教师会去袁晶晶的办公室讨论如何教学。金山教育局成立了“晶晶工作室”，有 60 多名教师申请成为该工作室的学员。

（来源：译自《中国教育报》(2015 年 1 月 2 日)，http://sc.cqn.com.cn/jiaoyuzhiliang/280476.html。）

● 选择在上海农村学校工作的教师可以优先进入研究生院学习，并优先晋升更高一级教师职称，获得一次性的货币津贴。

● 每年大约有 20 名来自中心城区的特级教师被派往农村或郊区结对学校任教。

● 建立了校长轮换制度。2013 年，该市从中心城区向农村地区派遣了 9 名熟练校长，为期两年担任导师并提供管理建议。

● 选择在农村地区任教的“高级教师”可以获得 1—5 年的延长退休年限。

在上海，教师的轮换相对较少。教师调换学校通常是由教师自己主动提出的，在这种情况下，教师将会和新教师一样走招聘程序，包括对证书文凭和过去教学表现的评估。

总的来说，上海在基础教育阶段任何学科都没有遇到严重的教师短缺，这在一定程度上要归功于师范教育和其他途径源源不断稳定地输送新教师。此外，学校在基于各自需求聘用教师方面有不同程度的自主权。不同地区的招聘做法各不相同。在一些地区，学校可以直接发布空缺岗位信息。然而，候选人仍然需要通过区级的考试，才能有资格获得该区岗位。在一些行政区，候选人需要先通过区级考试，然后再申请特定学校的岗位。只有在少数区域(通常是在上海的农村地区)，学校才有充分的自主权来根据候选人的背景和学校自身的需求来招聘。在不同的招聘实践中，学校通常有机会雇用他们需要的教师。

然而，进行学校层面的分析可能有助于更细致地了解特定学科的教师供应和需求情况。一些学校特别是农村地区的学校，可能很难在某些科目中招聘到有才能的专业人员。对于艺术、音乐和体育之类的非必修、非中考或高考考试科目的学科，尤其招不到高素质教师。在这种情况下，上海市需要制定有针对性的激励机制，以吸引更多合格候选人，比如，更高的基本工资或更灵活的职业生涯发展途径。

政策目标五：让强有力的校长领导教师

调查显示，上海的校长具有以下典型特征：学士学位（83%），40—50 岁（80%），平均任职时间为 5.5 年。

上海的学校对校长有严格的要求，而且上海的不同行政区使用不同的方法来选择校长。例如，在嘉定区，所有应聘者必须先获得一份校长资格证书才能被认为是合格的候选人。该证书的要求包括书面考试、学历证书以及在教学和学校管理方面的服务年限。如果有校长职位空缺，该地区将从有资格证书的候选人中选择。长宁区则采用了与此不同的方法，区内学校每两年可推荐一次优秀的教师和行政人员作为校长的候选人。所有学校推荐的候选人组成了该区校长岗位的竞争者。他们定期接受培训，为成为校长做准备。这种方法可能使未来的校长甚至在上任之前就具备必要的领导和管理才能。

研究表明，严格的在职培训、领导培训，与学生成绩的提高有一定关系（Gates et al.，2014）。校长的有效领导可以提高教师的积极性和责任感。一项关于美国学校的研究发现，对于校长来说，教师流失率最高的是在教师效能最低的年级（Branch，Hanushek 和 Rivkin，2013）。这一发现表明，教师效能的提高为校长提高教育质量提供了一个重要的渠道（Branch，Hanushek 和 Rivkin，2013）。

校长根据自己的服务年限参加各种项目学习。在进入新岗位的过程中，上任第一年的校长面临着特殊的挑战。2013 年，上海启动了“新校长培训计划”来培养在基础教育阶段强有力的新校长。上海市教育委员会与上海师范大学合作，按照“义务教育学校校长专业标准”开发了为期一年的培训项目，重点关注以下主题：学校规划、内部管理、学校文化、教学发展、教师成长和对外部环境的适应。这个项目每周进行一次，包括分组讲座、个人研究项目、实地考察，以及有经验的校长对新校长的指导。

校长的工资与表现挂钩。校长的薪水包括三个部分：基本工资、与职级相关的工资，以及绩效工资。与教师类似，绩效工资包括与职业相关的津贴、工作量津贴和绩效奖励。校长也可以从四级（最低级）到一级和特级（最高级）的系统来晋升职称。晋升的标准包括文凭、服务年限、学校管理以及对以下方面的领导：

教学发展、教师队伍发展和学生表现。校长每周至少要上两节课才能获得晋升的资格。校长的级别不仅对薪水有影响,而且还可以作为进一步职业发展能力的指标。校长工资中基于绩效的部分与学校整体表现挂钩。

2012 年,教育部发布了《义务教育学校校长专业标准》,该标准是校长能力建设的重要参照标准。这些标准主要包括六大领域,含校长需要具备的专业技能和知识方面的要求;教学发展被确定为其中一个关键领域(见表 3.8)。

表 3.8 《义务教育学校校长专业标准》对专业技能的要求

领　　域	专业技能要求节选
1. 学校规划	(1)领导学校发展规划的制订和实施; (2)监督学校的发展并做出相应的调整
2. 内部管理	(1)建立学校人事和财务规章制度; (2)确保学校安全并制定应急管理政策
3. 学校文化	(1)确立学校的教育理念; (2)促进学校文化和科学相关活动的组织
4. 教学发展	(1)执行课程相关的规定并支持校本课程的开发和实施; (2)观察课堂教学并提供教学指导; (3)领导和组织研究活动和教育改革,以创造一个综合的学习评价系统
5. 教师成长	(1)确保每位教师都能达到 360 小时的专业发展要求; (2)为教师制定各自专业发展计划,并为年轻教师提供有针对性的培训; (3) 保护教师的权利,建立基于绩效的激励机制
6. 调适外部环境	(1)支持家长教师联合会参与学校活动; (2)组织家长活动以便他们了解学生的发展; (3)鼓励和组织教师、学生参与社区活动

(来源:上海市教育委员会,http://www.shmec.gov.cn/web/xxgk/newsearch_do.php? pagenumber=2&searchinfo=%3A%3A%BB%A6%BD%CC%CE%AF%C8%CB%3A2009%3A%3A%3A%3A0%3A%3A&select=3。)

校长不仅要熟悉学生在不同阶段的学习目标和相关的课程标准,而且还被认为是课程改革和校本课程开发的领导者。该政策要求校长定期观察课堂教学效果,并向教师提供教学指导。上海的一些学校任命专门负责教学发展的校长。在接受调查的 153 名校长中,超过三分之二(69%)的校长在过去的一学期中观察了31—50节课，15%的校长已经观察了50节课以上，反映了校长坚持课堂观察实践(见表3.9)。在观察之后，99%的校长说他们向教师提供了反馈，反馈的方法要么是与教师进行具体讨论(76%)要么是书面反馈(9%)(见表3.10)。此外，校长经常使用各种交流工具与学生、教师和家长进行交流。根据本调查，86%的校长会单独会见学生、教师和家长；46%的校长使用微信(一款中文信息应用程序)等在线工具；61%的校长有一个指定的邮箱接收反馈。

表3.9 校长调查——校长课堂观察(*N*=153)

上学期听课节数/节	听课校长数/人	听课校长百分比/(%)
少于30	25	16
31—40	67	44
41—50	38	25
51—60	14	9
多于60	9	6

表3.10 校长调查——课堂观察后校长对教师的反馈(*N*=153)

反馈机制	校长数/人	校长所占百分比/(%)
没有反馈，只是把听课结果作为教师评估的一个参考	1	1
课后立即与被观察教师交流	9	6
举办专门的反馈讨论会	117	76
书面反馈	14	9
通过教学效果评估和教师职称评定间接反馈	4	3
其他	5	3
无效问卷	3	2

在接受调查的校长中超过95%的校长对下列领域有一定了解：学生的身体和心理发育阶段，主要科目的学习目标和课程标准，课程设计、实施和评估，以及学习材料的使用(见表3.11)。在教学方面，99%的校长对教学理论有很好的把握，包括学生学习行为、教师教学作用和知识建构过程。然而，在利用信息和通信技术进行学习方面，校长们有待进步。尽管大多数校长可以使用多媒体资源(81%)和微软系列软件(88%)，但只有46%的人拥有信息与通信技术教室的知识和经验(如远程互动学习)。大约46%的人擅长使用电子学习材料作为教学

资源，只有17%的人有开发这种材料的经验。

表3.11　校长调查之上海校长专业知识（$N=153$）　　（单位：%）

知识领域	非常熟悉	熟悉	不太熟悉	不熟悉
学生身体和心理发展阶段	80	20	0	0
主要科目的学习目标	49	47	3	0
主要科目的课程标准	45	51	3	1
课程设计、实施和评价	63	36	1	0
学习材料的运用	79	20	1	0
多媒体的运用	32	49	16	2
教学材料（如PPT演示文稿）的制作	41	47	10	1
信息和通信技术（如远程互动教学）的运用	14	46	36	3
电子材料的运用	12	34	39	16
电子教学材料的开发	4	13	42	41
基于信息与通信技术的学校课程体系的建设	5	25	40	30

校长在支持教学方面有很大的决定权。大多数区的校长可以雇佣新教师，也可以解雇效率低下的教师，从而做出有利于学生学习成绩的决策（只有少数区采用集中的教师招聘和分配制度）。然而，在实践中，校长很少直接解雇教师。通常的做法是将效率低下的教师降级为非教学人员，例如，实验室技术人员，以避免校长和教师之间的直接冲突。校长还有权决定基于绩效的教师工资部分，以奖励表现突出的员工。有了这些杠杆，校长就在教学支持和教师管理中发挥了关键作用。

政策目标六：监督教与学

关于学生的学习成绩有足够多的数据可用于指导教学。上海进行的教学评估遵循多层次模式。在学校一级，学生参加每周或每两周一次的学科测验，以观察他们的学习情况。学校每学期对主要科目（如语文、数学、英语、物理和化学）进行期中和期末考试，以评估学生的总体成绩。学校定期布置作业，并进行反馈。评估的结果为教师的教学实践提供了信息，例如，教师可以重新安排课程计划来复习某些概念和理论。教师还可以利用这些结果为个别学生量身定制课后辅导课程。同一年级教同一科目的教师通常都可以使用每个班级的期中和期末考试的平均分数。这些数据有助于教师确定教学实践中哪些地方需要改进；有助于学校分析教师的强项和弱项，以便开展有针对性的教师专业发展活动。

上海在九年制义务教育结束时会进行全市范围内的统一考试。九年级末，学生参加语文、数学、英语、物理、化学等科目的高中入学考试。体育、实验室操作和学生的道德伦理也计入学生的最终考试成绩。考试的总分决定了学生入学高中的类型。大约有一半没有取得好成绩的学生，将会进入技术和职业学校，而另一半表现更好的学生通常会进入普通的和示范性的高中。在十二年级结束时，学生参加全国范围的高等学校入学考试(高考)，高考分数决定了学生是否可以上大学。

上海市区级和学校级的领导人可以充分利用学生成绩数据。区级领导人用这些数据来评估学校的整体表现，而学校级领导人则利用这些数据来评估个别教师的有效性。

上海一直是中国参与国际评估的先锋。在 2009 年和 2012 年的 PISA 测试中，这座城市的表现最为出色。有关 PISA 测试的结果已经被用于国家层面的比较。

对教师的表现有多种机制进行监控。上海的所有学校都定期监测教师的表现。上海根据 2012 年《国务院关于加强教师队伍建设的意见》，鼓励学校开展全面的教师监测和评估，而不是只关注学生的考试成绩。评估还可能考虑到教师的道德伦理、能力和对学校的贡献。学校校长和高级教师进行课堂观察，以监测教师的表现。此外，各区还定期对每一所学校的教学进行督查。教师队伍的能力是区级学校评价的核心指标。此外，中国所有的工作者，包括教师在内，都有一个人事档案，从中可以追踪与工作相关的职级评定、奖励和惩罚。如果教师决定调换工作，其人事档案将由接收学校审查。在实践中，90%的受访学校也为每位教师创建了个人专业发展档案，其中包括教师的发展目标、发表的研究论文的名称和类型、教师的培训经历，以及他(她)的成就，如奖项和职称。因此，一个随着时间的推移而不断跟踪教师表现的系统已经部署到位。

学校通过多种渠道评估教师表现。在学校层面，校长和其他高级管理人员或高级教师一起对教师进行年度绩效评估。评估包含多个方面：对优点和缺点的自我评估、教学实践的课堂观察、学生成绩、研究活动的参与，以及与学生的互动，都会被考虑进去。综合评估有助于校长清楚地了解每个教师所处位置，并作为一种机制有助于校长向教师提供年度反馈以改善教师绩效。

政策目标七：支持教师改善教学（成熟）

专业发展是教师职责的重要组成部分。在上海，所有义务教育学校新教师都需要在他们的教学生涯首个 5 年完成 360 个小时的专业发展任务，相当于每年 9 天。如果教师想申请高一级职位，那么必须完成另外 540 个小时的培训，相当于 67.5 天。教师不仅可以免费获得大部分的培训，而且还可以报销他们的交通和住宿费用。这一培训要求提供了一个基本保证，即每个教师都能得到适当的发展机会和专业支持，特别是当他们刚进入这个行业的时候。根据学校调查结果，平均而言，学校在教师专业发展方面的支出占运营总支出的 7%。此外，92%的学校制定了关于教师培训的具体政策；71%的学校制定了评估教师专业发展的政策；73%的学校制定了激励教师专业发展的政策。

研究发现，专业发展活动如果少于 14 个小时就对教师的有效性没有影响。与此同时，在 6—12 个月的时间里，如果教师的学习机会达到平均大约 50 个小时，加上精心设计的、特定内容的材料，那么就能让学生在学习成绩测试中获得多达 21 个百分点的提高（Darling-Hammond，Wei，and Andree，2010）。上海很好地满足了这一关键要求。不过，上海教师的专业发展所要求的时长略低于日本、韩国和新加坡等邻近的高业绩国家（见图 3.7）。

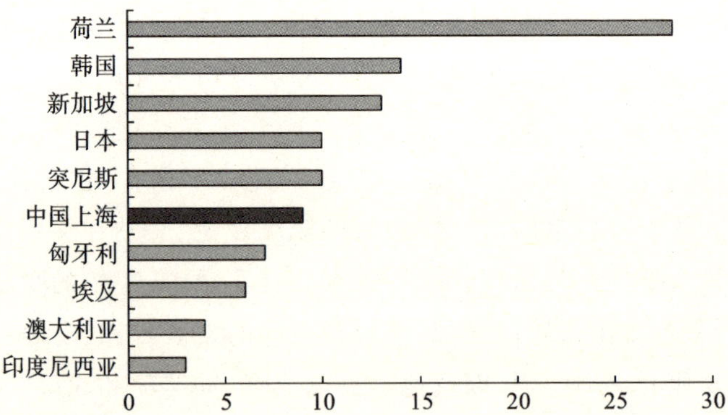

图 3.7　官方所要求的中学教师每年专业培训天数

（来源：Data from OECD 2009；World Bank 2011。）

此外，大部分的专业发展都被设计为校本的和协作性的，并特别注重教学改进。上海义务教育在建立专业队伍以提高教师教学能力方面有着悠久的历史。在多种专业发展选项中，有两种做法要特别注意：教学研究小组（见文本框 3.2）

和课堂观察(见文本框 3.3)。这些活动使教师接触到最好的教学实践,并利用每一位教师的知识和技能,为改善整个教师队伍的教学做出贡献。

实际上,在日本也有类似的模式,称为“课例研究法”,它是一个简单而可持续的在职培训模式的有趣例子(见文本框 3.4)。嵌入工作中的师-师支持和在职培训为教师提供了与适应本地环境的专业发展机会。

文本框 3.2 中国教研组

自 1957 年以来,中国一直在推动教研组的发展。这类小组的核心目标是让教师研究和交流有关教学和课程中的观点和资源,以提高他们的教学能力和教学质量。

这些教学研究小组的结构通常分为四级:国家、省或直辖市、区和学校。在市一级,上海市教育委员会教学研究办公室是负责设计课程计划、开发和更新教材、开展义务教育质量分析、提出改革、组织教师培训的主要机构。具体而言,该办公室组织全市教育系统教学研究活动,并收集各区和学校的最佳教学实践,以供传播和推广。上海的每个区都有一个教学研究办公室。区级的教研室通常设在区教师培训学院或中心,这些学院有义务进行在职教师培训。

在学校层面,由同一学科教师组成的各教学研究小组发挥着各学科教师专业发展平台的作用。在较大的学校里,这些学科教研组通常会按年级进一步细分。每个小组都有一个领导,负责组织活动,并把新教师介绍给积极学习的本小组教师。该负责人也要对小组的整体教师发展负责。这些小组通常每周会集中学习或讨论两到三个小时。每个教学研究小组的主要活动包括:

(1) 教师专业发展;

(2) 高级教师培训和指导青年教师;

(3) 引导新教师(几乎 99%的受访学校有引导程序);

(4) 研究新的学科内容和教学实践(84%的受访学校为所有教师建立了广泛的研究课题,81%的学校鼓励个性化主题的研究,88%的学校为教师提供研究备选主题);

(5) 同一小组内的教师基于小组活动的频率、强度和成就进行教师绩效评估。

教学研究小组的合作性有利于整个教学小组的发展而不是少数人的成长。市、区和学校的教学研究小组的分层网络,能够迅速而广泛地传播课程的实践经验。

在实践中,教学研究小组是教师活动的核心:在接受调查的153个学校中,有99%的学校为不同的学科设立了教学研究小组,100%的学校对教学研究活动有具体要求;44%的学校每周进行一次教育研究小组活动,53%的学校每两周组织一次活动。大约85%的学校为这些小组提供经费,同时100%的学校鼓励教师参与研究项目。此外,92%的受访校长认为校级教研活动对教师的专业发展非常重要,29%的校长重视市级教学研究办公室,59%的校长认为区级教学研究办公室非常重要。

文本框 3.3　上海课堂观察

课堂观察贯穿上海教师整个职业生涯。在学校里,初级教师定期对高级教师进行课堂观察以学习最佳实践。反过来,高级教师会观察初级教师课程以提供反馈。有时,同一科目的教师互相观察对方的做法并提供的反馈。这种模式使教师能够从彼此的经验中获益,并作为一种支持机制,让新教师或教学吃力的教师的教学水平得到提高。在学校、区和市三级都有课程竞赛(公开课)。教师准备了公开课,并向学校同行或区、市的更多同行展示。那些有很丰富的教学实践的人会得到奖励。参加这些课程竞赛也是教师评估中的一个重要因素。

田纳西州在其试点的"教师同伴卓越小组"(teacher peer excellence group, TPEG)中引入了课堂观察的模式。2013年,18名校长组成了一个考察团前往中国学习这一做法。他们回国后,TPEG在该州的一些学校中得到推广。小组提供可操作的、具体的反馈,以进一步完善教学实践。对这一项目的初步研究显示,教师评估的结果令人满意(Cheshier,2015)。

文本框 3.4　日本课例研究法

在日本,研究课程(kenkyuu jugyou)是学习文化的重要组成部分。每一位教师都会与其他同事合作,定期准备一堂公开课,以展示某个特定目标的实现策略(例如,学生成为积极的问题解决者或学生更多地相互学习)。教师上公开课时有一组教师进行观察，而且这堂课通常以多种方式被记录下来，包括录像带、录音带、对上课教师感兴趣的领域的叙述或观察清单（例如，有多少学生主动提出自己的想法）。之后，教师小组（有时也包括校外教育工作者）讨论本堂公开课的优点和缺点，提问并提出建议。在某些情况下，完善后的课程由另一位教师来上，小组教师再次前往观察和讨论。

教师可以决定研究课程的主题和频率。大型研究团队又可以细分成4—6名教师的小组。小组成员各自备课，但致力于共同目标。课例研究，通常是3—4周内要举行10—15个小时的小组讨论。虽然学校放学是在14:40—15:45之间，但教师的工作时间直到17:00才结束。它提供了小组共同工作和备课的额外时间。大多数课例研究会议都是在放学后的几个小时内进行的。研究课程可以让教师完善个人课程，让同事对自己的课堂实践进行观察。一些教师也会公开研究课程，这促进了各学校优秀公开课的传播。

（来源：Darling-Hammond, Wei, and Andree 2010,4.）

除了教学研究小组和课堂观察外，上海市还针对不同背景的教师提供分层专业发展。对于新教师来说，上海采用了一年制入门课程。对于有多年经验的教师，上海在2014年启动了一个项目，鼓励团队合作进行课程研究和开发。在该项目的第一年，32个团队获得了总计30万元的资金，作为他们为期三年的项目资金支持。对于有经验的教师，这个城市的目标是在他们中间培养一支具有教学和管理"双技能"的研究人才队伍，以领导教学领域。一些有经验的教师和校长接受了培训，以进一步提高他们的教学和管理技能。在双技能培训中，有3000名校长和教师受益，70人被任命为上海示范学校的校长。

"市中小学课程计划"规定，学校领导应根据每位教师的评估结果，制定有针对性的教师培训计划。新教师由指导教师帮助他们提高工作效率。如果新教师在评估中得到的结果不尽如人意，他（她）将与一位指导教师或高级教师结成帮扶对子并接受其监督和帮助。

政策目标八：激励教师做好工作

职称晋升机会与工作业绩挂钩。如前所述，那些寻求晋升到更高级别的教师必须参加业绩评估。上海所有的新教师都有一年的试用期。在试用期结束时，没有通过年度评估的教师不能签订继续教学的合同。这种筛选机制确保所有新教师都有资格继续教学。

教师的问责机制已经确立。根据《国务院关于加强教师队伍建设的意见》，教师在教学生涯的前5年需要完成360个小时的专业实践，以达到向教师职业生涯过渡的目的，从而确保教师具备基本的知识和技能水平。此外，每一所学校的校长都进行教师年度绩效评估，以确定优秀教师为教学导师并帮助新教师进步。在接受调查的学校中，有98%的学校有关于教师和学生的书面评估文件。教育部《中小学教师资格定期注册暂行办法》要求教师每5年注册一次。定期注册所提出的要求包括通过教师绩效评估和完成360个小时的专业实践。根据《教师法》规定，如果教师行为不当、虐待儿童和表现不佳则会被学校解雇。

除了这些明确的机制外，上海的教师和校长也有很强的专业责任感，正如上海的一位教师所说：

> 教师们总有一项工作：花10—15分钟对学生的家庭作业和前一天的工作进行评述，这样，学生在作业中犯错误最多的知识点就可以进一步被阐明。这10—15分钟的时间，在提高学生对知识点的掌握方面具有重要意义。上海的大多数教师通常都是这样做的。(2015年对上海师范大学教育系现任主任、资深教师夏先生的个人访谈。)

某些报酬与业绩挂钩。在教师每月的工资中，根据教师评估的总体结果来分配基于业绩表现的部分。另一个基于业绩的激励是基于教师的职级评定。高水平的教师可以申请更高的教师职级，从而获得更高的基本工资。自2009年实施绩效工资以来，这些机制的影响已经得到评估。其积极影响主要包括：

(1) 减少各区教师之间的工资差距，偏远农村地区的教师往往从绩效工资中受益最大。

(2) 有助于核心与非核心科目的平衡发展，因为教学时间与工资直接挂钩，因此非核心科目教师教非核心科目，与教核心科目教师一样有奖励。

(3) 进一步激励教师谋求专业发展，因为部分薪酬基于绩效评估。

然而，在设计和执行绩效工资方案方面出现了一些挑战。首先，绩效工资的幅度可能不够大，尤其是对于一些已经有较高基本工资的中心城区而言。其次，由于该方案还是基于资历年限、学术资格和工作量，那些没有达到既定最低标准的教师的工资实际上会低于该方案之前的水平。最后，绩效工资方案整合了几个零散的补贴和非现金性福利计划，因此，一些教师认为他们的总体工资和福利水平可能有所下降。

最初，围绕绩效薪酬方案的争议很大。但重要的是继续研究该计划的影响，以确定教师对激励措施的反映。教师对特定激励计划的态度,对于这项政策是否成功至关重要(OECD,2011b)。同样重要的是,要审查引入激励机制的行政过程,因为程序上的问题可能会损害政策本身的初衷(Lewis and Springer,2008)。

小　　结

使用“SABER-教师”模块的问卷来评估上海教师的相关政策,可以全面了解对教师的选拔、培训和评估的方式。基于该问卷的评测规则,本调查发现上海的分数在8个教师相关政策目标上至少都达到了“成熟”水平。这8个目标包括:①为教师设定明确的期望;②吸引最好的从教者;③为教师提供有用培训;④使教师技能适应学生需求;⑤让强有力的校长领导教师;⑥监督教与学;⑦支持教师改善教学质量;⑧激励教师做好工作。

图3.8总结了上海教师发展政策的框架。一个由三大支柱组成的教师发展体系有效地促进了上海的教学工作。通过教学研究小组,教师得到了专业上的发展和在职培训,而且他们的业绩与绩效工资挂钩。这个综合专业发展框架包含多个层次的在职培训、教师业绩评估,以及为教师职业生涯进步提供动力和机制的有组织的发展阶梯。这是上海在教育方面表现出色的关键点。

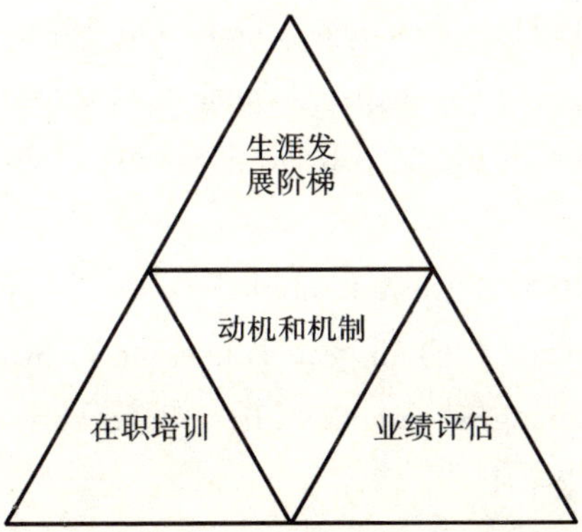

图3.8　上海教师发展框架

(来源:Adapted from Zhang,Ding and Xu 2016。)

教师分配以及基于教师的绩效工资的实施和影响等,还没有得到明确的评估,但被证明是重要的方面。

首先,教师招聘的准入标准应该会升级到至少要求学士学位。这一做法将会使上海达到大多数经合组织和亚洲其他发达国家的水平。事实上,大多数教师岗位申请者已经获得了学士学位。明确提出更高的要求,将减少招聘过程中不必要的低效。

此外,上海还可以明确增加专业发展要求的天数。上海正式的基于课程的专业发展要求(9 天),略低于日本(10 天)、新加坡(13 天)和韩国(14 天)这样有高业绩表现的邻国。另一方面,上海在教师专业发展的多个层面上表现突出,尤其注重校本活动和教师研究小组。

另一个需要改进的领域是教师的公平分布,特别是城乡之间和示范学校与普通学校之间合格的有经验的教师的公平分布。相关研究表明,有更高资格和更多经验的教师往往集中在高绩效的城市地区。此外,调查显示,在农村和表现不佳的学区,艺术、音乐和体育等非考试科目的教师更有可能人手不足。另一个短缺领域可能是特殊教育。随着上海逐步将特殊教育学生纳入常规课堂随班就读,教师接受特殊教育培训将面临更高的需求。

参考资料

[1] Boyd, D., P. Grossman, H. Lankford, S. Loeb, and J. Wyckoff. 2006. "How Changes in Entry Requirements Alter the Teacher Workforce and Affect Student Achievement." *Education Finance and Policy* 1 (2): 176-216.

[2] Branch, G. F., E. Hanushek, and S. G. Rivkin. 2013. "School Leaders Matter." Education Next 13 (1): 62-69. http://hanushek. stanford. edu/sites/default/files/publications/Branch%2BHanushek%2BRivk in%202013%20EdNext%2013%281%29_0. pdf.

[3] Cheshier, T. 2015. "From Shanghai to Collierville, Collaboration Model Boosts Teacher Performance." Chalkbeat Tennessee website. http://tn. chalkbeat. org/2015/01/28/from-shanghai-to-collierville-collaboration-model-boosts-teacher-performance/#. Vj3iL_krLIU.

[4] China Statistical Yearbook. 2015. "Average Wage of Employed Persons in Urban Units by Sector." http://www. stats. gov. cn/tjsj/ndsj/2015/html/EN0415. jpg.

[5] Darling-Hammond, L., R. C. Wei, and A. Andree. 2010. "How High-Achieving Countries Develop Great Teachers." Stanford Center for Opportunity Policy in Education, Stanford University, Stanford, CA. https://edpolicy. stanford.

edu/publications/pubs/291. 46 Attracting and Developing an Excellent Teaching Force How Shanghai Does It. http://dx. doi. org/10. 1596/978-1-4648-0790-9.

[6] Dolton, P. J. 1990. " The Economics of UK Teacher Supply: The Graduate's Decision." *Economic Journal* 100:91-104.

[7] Education Bureau of Jiading District of Shanghai. 2014. "Shang Hai Shi Jia Ding Qu Shen Hua Zhong Xiao Xue Jiao Shi Zhi Cheng Gai Ge Fang An." http://wenku. baidu. com/link? url=SSB8AhCM9Y_eEBpfA9k7SZJF7a7nbqoe5fvENOfvoJ7-P4YX5UVdw9nUyBOhC9lsWbls75NDusjrLvSE_U3rHjTuJa2-hrmap-b2OyRjesmG.

[8] Gates, Susan M., Laura S. Hamilton, Paco Martorell, Susan Burkhauser, Paul Heaton, Ashley Pierson, Matthew Baird, Mirka Vuollo, Jennifer J. Li, Diana Lavery, Melody Harvey, and Kun Gu. 2014. "Principal Preparation Matters: How Leadership Affects Student Achievement." RAND Corporation, Santa Monica, CA. http://www. rand. org/pubs/research_briefs/RB9786.

[9] Lewis, J., and M. Springer. 2008. "Performance Incentives in Texas: Why Schools Chose Not to Participate." Performance Brief, National Center on Performance Incentives, Nashville, TN. https://my. vanderbilt. edu/performanceincentives/files/2012/10/Lewis_and_Springer_for_posting. pdf.

[10] OECD (Organisation for Economic Co-operation and Development). 2009. *Creating Effective Teaching and Learning Environments: First Results from TALIS*. Paris: OECD Publishing.

——2011a. *Education at a Glance* 2011: *OECD Indicators*. Paris: OECD Publishing.

——2011b. *Evaluating and Rewarding the Quality of Teachers: International Practices*. Paris: OECD Publishing.

——2013. "Teaching and Learning International Survey (TALIS); Complete Database 2013." OECD, Paris. http://stats. oecd. org/Index. aspx? datasetcode=talis_2013%20.

——2014. "Shanghai (China)-Country note: Results from TALIS 2013-2014." OECD, Paris. http://www. oecd. org/edu/school/TALIS-2014-country-note-Shanghai. pdf

[11] Shan, Z. 2013. *China Teacher Development Report* 2012. Education Science Press.

[12] Shanghai Municipal Education Commission. 2005. "Curriculum Standards for Primary and Secondary Schools in Shanghai." http://www.shmec.gov.cn/web/hdpt/wsgs_detail.php? subject_id=48#go_top.

[13] Wolter, S. C., and S. Denzler. 2003. "Wage Elasticity of the Teacher Supply in Switzerland." Discussion Paper 733, Institute for the Study of Labor, Bonn.

[14] World Bank. 2011. "Tunisia Teacher Policy: SABER Country Report." World Bank, Washington, DC. http://wbgfiles.worldbank.org/documents/hdn/ed/saber/supporting_doc /CountryReports/TCH/SABER_Teachers_Tunisia_CR_Final_2011.pdf.

——2013. "What Matters Most for Teacher Policies: A Framework Paper." SABER Working Paper 4, World Bank, Washington, DC. http://wbgfiles.worldbank.org/documents/hdn/ed/saber/supporting _ doc/Background/TCH/Framework_SABER-Teachers.pdf.

——2016. "Pupil-Teacher Ratio in Primary Education." World Bank, Washington, DC. http://data .worldbank.org/indicator/SE.PRM.ENRL.TC.ZS.

[15] Xu, B. 2014. Modern Primary and Secondary Education Journal. Northeast Normal University, Changchun, Jilin, China.

[16] Zhang, M., X. Ding, and J. Xu. 2016. "Developing Shanghai's Teachers: Teacher Quality Systems in Top Performing Countries." The National Center on Education and Economy, Washington, DC.

第四章　为优质而公平的教育提供经费

引　言

“SABER-财政”模块从学校财政政策的 5 个方面进行考察：①学校条件和资源；②分配机制；③收入来源；④教育支出；⑤财政控制和能力。以下手段也被用来补充 SABER 政策分析工具的不足：调查 153 名校长，访谈教师及上海市教育委员会官员等关键知情人，收集数据、评价当地和全球的政策及其研究文献。

“SABER-财政”分析了收集到的数据，以评估教育财政制度是否有效地实现了以下政策目标：①确保学习的基本条件；②监控学习的条件和结果；③监督教育服务的提供；④基于充分和透明的信息编制预算；⑤为贫困学生提供更多资源；⑥有效地管理资源（见图 4.1）。这一工具还对每一教育融资系统在实现适当性、公平性和有效性方面是否取得进展进行了全面考察。分析的范围主要限于公立学校。

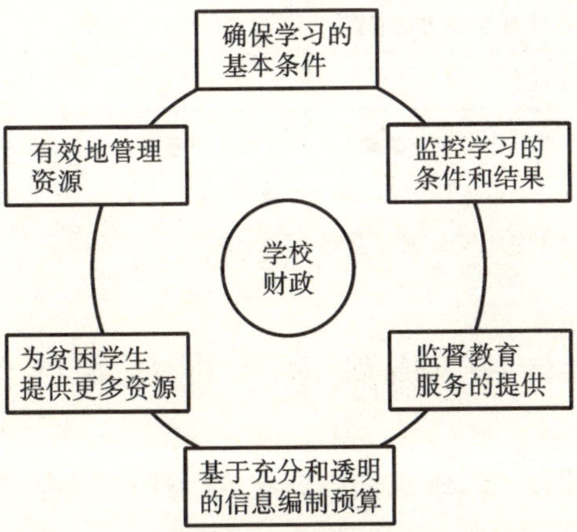

图 4.1　“SABER-财政”模块下 6 大政策目标

（来源：Vegas and Coffin 2013。）

总的来说，基于 SABER-财政模块的分析，可以确定上海的教育财政政策环境评定等级介于“成熟”和“先进”之间(见表 4.1)。

表 4.1　上海的“SABER-财政”评分

政策和资源框架(目标和杠杆)	SABER 评价
1. 确保学习基本条件	●●●●
(1)制定保障基本投入的政策	●●●○
(2)确立学习目标	●●●●
2. 监控学习的条件和结果	●●●○
(1)建立监督学习条件的制度	●●●○
(2)建立评价学习结果的制度	●●●●
3. 监督教育服务的提供	●●●○
(1)建立查证学校可用物质资源的机制	●●●○
(2)建立查证学校可用人力资源的机制	●●●○
4. 基于充分和透明的信息编制预算	●●●○
(1)建立基于充分信息的预算程序	●●●○
(2)确保预算过程的全面性和透明性	●●●●
5. 为贫困学生提供更多资源	●●●○
(1)为来自处境不利背景的学生提供公共资源	●●○○[a]
(2)为低收入家庭确定代表其收入占比的学费	●●●●
6. 有效地管理资源	●●●●
(1)确立查证有效利用教育资源的制度	●●●●
(2)确保定期审计教育支出	●●●●

注：评分规则：潜在(●○○○)，新兴(●●○○)，成熟(●●●○)，先进(●●●●)。

a. 经与“SABER-教师”模块调研团队协商；评分等级为“新兴”的原因是上海“处境不利”的学生需每年更新自己的情况(主要涉及外来务工子弟家长信息——译者注)。

政策目标一：确保学习基本条件(先进)

上海制定了详细的政策，确保基础设施、学习材料和教师方面的基本教育投入。一些具体规章制度规定了学校的基础设施投入方面的基本要求，如安全和环境建设标准、生均建筑面积、饮用水、卫生设施，以及电力供应。除了物质性基础设施，学生的学习材料也要确保是现成可用的。从 2007 年开始，学校必须提供免费教科书给学生。市教科书监督委员会为学校提供一份经批准的教科书目录，供学校选择和向指定本地书店订购。中央政府也为学校发布了指导方针以改善辅助学生的图书馆和计算机实验室的条件。关于基础设施和学习材料的规定，通过营造有利于学生学习的环境并为教师提供充足的工作条件，有助于学生学习。

在教师资格方面，小学教师至少要有三年制高等职业学院文凭（相当于国际教育标准分类5B级），中学教师至少要有四年制学士学位（相当于国际教育标准分类5A级）。然而，在实践中，上海现有教师中有超过97%的人已经拥有学士学位（见表4.2）。只有1.3%的教师拥有3年制职业学院文凭。如前文所述，教师学历要求可以提高到相当于教育表现优秀的其他国家的基础教育教师的要求，即通常相当于国际教育标准分类5A的学士学位。

表 4.2　上海初中新教师实际学历　（单位：%）

最低学历要求	总计	公立学校	私立学校	城市学校	乡村学校
三年制高等职业学院文凭	1.3	1	3	0	4
四年制学士学位	97.4	98	95	99	96
硕士学位	1.3	1	1	1	0

上海还制定了义务教育学校教职工编制标准，以确保有足够数量的教师。每个班的学生人数不得超过40人。小学的生师比在城市地区应该不超过21∶1，农村地区不超过18∶1。在中等教育阶段这个比例应该不超过18∶1。

然而，在实践中，在基本投入水平上学校之间的差距仍然存在。2015年"全国义务教育质量监测评估"显示，在上海，普通公立学校比私立学校获得了更多的资助，城市学校比农村学校表现更好（见表4.3）。

表 4.3　上海不同类型学校的学校资源：比率（标准差）

	合格教师比例	教师短缺情况	班级规模	课外活动丰富性	生师比	物化基础设施质量	教育资源质量
公立学校	0.94 (0.18)	0.93 (2.86)	38 (22)	1.92 (2.25)	10.11 (9.65)	−0.36 (2.54)	0.02 (2.82)
私立学校	0.84 (0.26)	1.03 (3.25)	41 (16)	2.5 (1.45)	15.21 (12.08)	−0.48 (3.49)	−0.17 (3.95)
平均	0.94 (0.2)	0.94 (2.88)	39 (21)	1.96 (2.22)	10.55 (10.38)	−0.37 (2.63)	0.01 (2.93)

注：括号中的数据为标准差。

（来源：OECD 2012年的数据。）

上海城区的生师比往往比较宽裕，相对于郊区和农村地区（见图 4.2 和图 4.3）来说，能吸引更多高素质的教师。这种差异可能主要是由于各地区财政能力不平衡累积的结果。但上述国家监测报告也证实，与中国其他省份相比，上海各区之间教育投入水平差异是最小的。

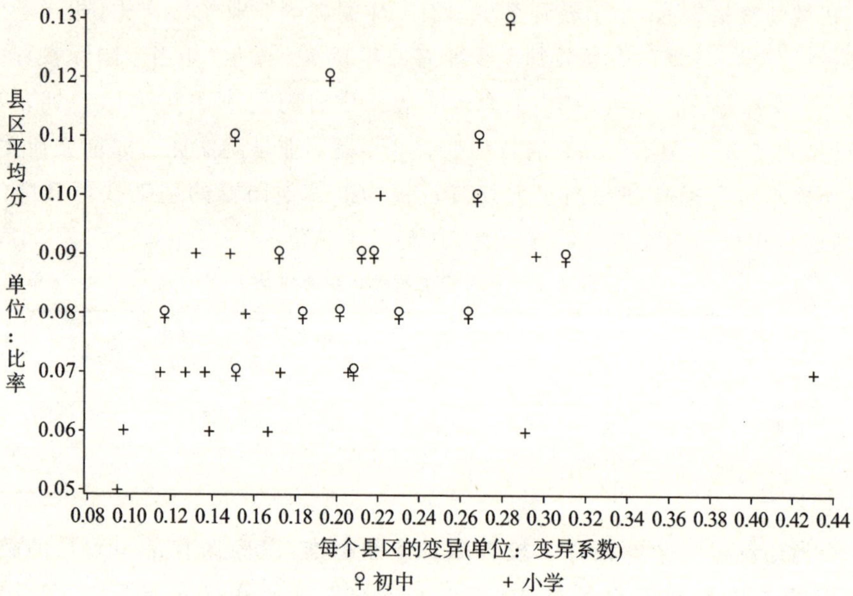

图 4.2　上海不同县区之间小学和初中师生比差异

（来源：中国教育部 2014 年数据。）

上海的教育系统已经确立了学习目标，涉及学习的完成、进步、知识和技能。

该市已经为义务教育建立了一套完整的目标。对小学教育而言，入学率目标是 100%，毕业率目标是 99%或更高。对中学教育而言，毕业率的目标是 90%或更高。该市义务教育系统还必须完成复读率（小学 1%以下、中学 2%以下）控制和 0%辍学率的目标。此外，学生体育测试通过率要达到 95%以上，艺术和科学的学生课外活动参与率要超过 80%。这些具体的学习目标将使教育财政系统能更有效地引导资源投入，使其有助于优质教育。上海在义务教育方面取得了长足的进步。2014 年，该市初中毕业生升入高中的比例达到 97%。

上海教育系统设定了学生在义务教育中所需要掌握的知识和技能方面的学习目标，这是每个学科的课程标准所规定的。学校举行期中和期末考试，以评估学生在实现这些学习目标方面取得的进步。此外，该市还在六年级和九年级结束时举行毕业考试，以评估全市学生的学习成绩。学习目标使教师能够将他们

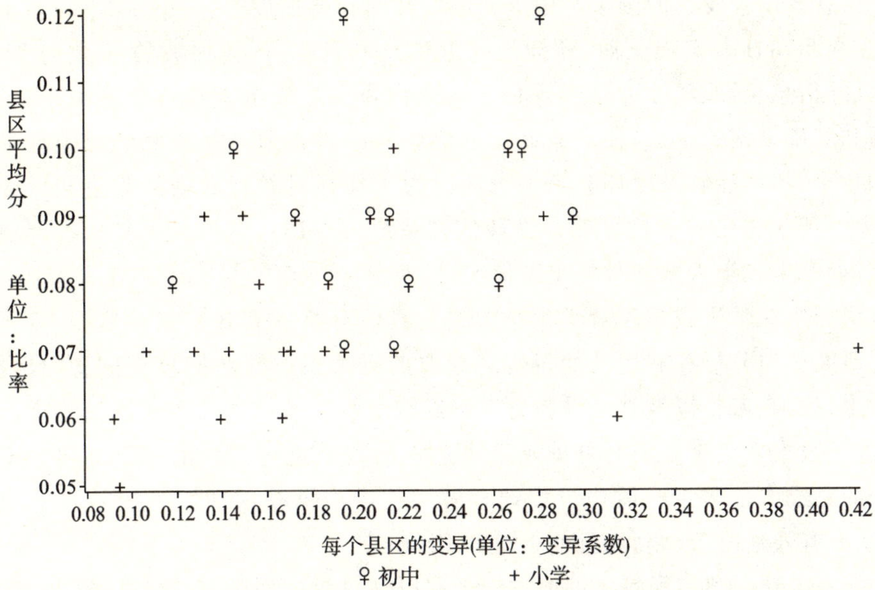

图 4.3　上海小学和初中教师学历高于要求者所占比例的跨区差异

（来源：中国教育部 2014 年数据。）

的日常工作与学生的学习结合起来。它们还有助于学校财政系统衡量实现高质量教育的程度。

政策目标二：监控学习的条件和结果（成熟）

学校的学习条件受到严密监控。上海市收集学校多方面信息，包括饮用水、卫生设施、电力、图书馆和实验室。上海各区也定期进行学校检查，以核实学习条件的相关政策是否得到严格执行。这种密切的监测确保学校负责提供基本的教育投入。此外，学校每年要编制一个统计报表，提供学校层面学生入学和教师信息的最新数据。每个区从学校收集数据，然后通过电子系统提交给市，市一级每年进行一次数据汇编（学生注册人数数据每学期提交一次）。一些学校还从学生那里收集更详细的信息，比如家庭背景，以便学校自己用于量身定制教育策略。然而，上海在利用信息技术收集学校数据方面还有待改进和提高。尽管95％的学校记录他们的学生注册资料（含学生基本背景信息）完全或主要是电子格式的，但只有 72％的学校保留学生成长档案（含学生多年成绩的更详细信息），只有 67％的学校完全或主要以电子格式保留了教师专业发展档案。

信息政策较发达的国家有中国、日本、韩国和新加坡等。“u-日本①一揽子政策”正在驱动日本实现全面、便捷地获取信息的目标。[1]新加坡的“e-政府”[2]和韩国的“信息化”政策[3]力争实现信息的全面覆盖。以电子形式提供关于学生、教师和基础设施的信息，使政策制定者能够及时检索信息并监测学习条件的趋势和变化，从而能够及时调整资源分配。为了加强对教育数据的收集和后续分析，上海正在建立一个综合教育管理信息系统(EMIS)，它整合了义务教育统计数据，如学生入学人数和教师出勤情况，以及更详细的学生学习成绩。这个系统可以成为跟踪学生成长和对学生学习进行具体分析的有效工具。然而，重要的是要研究如何分析和利用已变得容易获取的有关下述问题的教育信息和数据，即学生、教师、家长以及其他受教育政策影响最直接的群体的素质和满意度。此外，电子数据采集水平及对分配到采集过程的资源进行测量的水平如何？不同群体的完成率是多少？需要更好地理解并改善数据获取和取得成就之间的关系，从而有效地改善和利用目前上海的EMIS。

上海市和全国一样每年都要进行考试以衡量学生的学习成绩。除了监测学校的投入，高质量的教育系统还收集了学生学习成果的常规信息。正如在“SABER-教师”部分所提到的，所有的学生都在九年级末参加全市统一的毕业考试(中考)。这次考试也是高中的选拔考试，考试的分数决定学生是否能进入高级中学，以及他们将进入哪一类高级中学。在高级中学(十二年级)结束时，学生们参加大学入学考试(高考)，以决定学生是否能以及在哪里上大学。[4]这些评估的数据能帮助政策制定者跟踪课程标准达成情况的进展和学生学习成绩的动态趋势。政策制定者也可以利用分散在各区和各学校的评估数据，每一所学校都有学生具体的考试分数。

学校评估

尽管上海市设定了要完成的发展目标以鼓励整体的业绩进步，而且大数据可以分解成一个个学校的数据，但对学校的评估不会基于学生的成绩或高中入学率。由于不同学校之间的学生人口差异很大，学校评估的这种政策不鼓励学校过于追逐分数，也不惩罚那些有大量学业困难或弱势学生的学校。上海的学校评估分为以下两种类型。

---

① “u-日本”(u-Japan)是由日本信息通信产业的主管机关总务省提出的一个战略，即物联网(泛在网)战略。其中u指的是英文“ubiquitous”，意即“无所不在的”——译者注。

(1) 由各区教育督导办公室进行定期学校监督。根据国家《教育督导条例》和《上海市积极推进中小学学校发展性督导评价的实施意见(试行)》,区教育督导办公室每年对本区各学校至少要访问一次,主要依据学校教学、运行和人事方面的发展规划进行综合监督。

(2) 自2011年以来,上海一直在实施一项不限于学生成绩评估的综合性学校评估制度——上海市中小学生学业质量绿色指标。该工具包括对学生、教师和校长的问卷。它的目标是全面评估学校的质量,包括学生的学习动机、课业负担和师生关系(见表4.4)。该市每年都会随机抽取一些区的义务教育学校样本进行评估。2011年,有804所学校、804位校长、63640名学生(四年级和九年级学生)和9445名教师参加了调查。学生们进行了学业成绩评估,填写了调查问卷,并进行了身体健康测试。教师和校长完成了一项调查。该市利用这些调查结果来评估义务教育的整体学业质量,并揭示有待改进的空间。除了每年发布全市评估结果报告外,该市还为每个区编制一份报告。区报告的目的不是根据结果对其进行排名,而是要表明每个区的优势和劣势。

表4.4 中小学生学业质量绿色指标

序号	中小学生学业质量绿色指标
1	学生学业成绩
2	学生学习动机
3	学生课业负担
4	师生关系
5	教师教学法
6	校长对课程开发的领导
7	学生社会经济背景对学业成绩的影响
8	学生的道德行为
9	学生的身心健康
10	1—9项指标的进步情况

(来源:上海市教育委员会,2011。)

学校评估的结果由各区教育局和市教育部门进行分析,以形成对上海市教育质量的总体评估,并确定哪些具体领域的表现可能比较差。这些信息被用来开发针对具有挑战性的领域的教师培训项目。该市还利用这些数据来确定哪些属于薄弱学校或表现不佳的学校,以便进行额外的管理和财政干预,如"委托管理"[5],这是上海市教育委员会2007年发起的一项政策倡议。

政策目标三：监督服务交付（成熟）

上海市已经建立了全市统一的校历制度以及统一监管学习材料和物理资源的机制。上海市教育委员会每年都会发布一份学年日历，设定每个学期的开始日和结束日。在2014学年，秋季学期开始于9月1日，并于1月31日结束（共22周）。春季学期开始于2月27日，结束于6月30日（共19周）。全市统一规定教学时间有利于协调教材的分发和全市范围的考试，确保资源被用于最大化优质学习时间。

根据每年的课堂教学计划和上海的校历，小学每年的平均教学时间为765小时。这一数字低于2013年经合组织（OECD）的平均水平（见表4.5），但高于日本、韩国和芬兰等国。然而，有必要做进一步的调查，以便更好地了解不同国家课堂教学时间的区别。

表4.5　小学每年平均教学时数

国别和地区	每年教学平均时数/小时
澳大利亚	953
加拿大	919
芬兰	654
日本	754
韩国	632
荷兰	940
OECD平均	802
中国上海[a]	765

注：a表示上海数字是根据上海教育委员会提供的2015年基本信息计算而来。

（来源：经合组织（OECD 2013，Table D1.1）。）

为了确保及时提供学习资料，上海指定了该市许多书店配送教科书。在学年开始前，上海市教育委员会与这些书店就教科书的选择和交付进行协调。然后，在学年开始之前和开学期间，书店与学校合作提供教科书。该系统有利于书店快速准确地了解教科书的需求，并做出反应，从而防止教科书延迟发放。

上海已经出台了一些政策来规范学校的基础设施建设。该市已在市和区两级建立了学校安全建设指导委员会，成员来自各相关部门，专门负责监督建设进度和相关支出。为促进学校设施的高质量建设，上海的学校不支付某些类型的建设费用，如污水处理费和土地登记费。

上海有教师出勤的核实机制，如果有教师缺席则提供代课教师。在上海，教师缺勤不是一个常见的问题；每一所学校的校长会密切监察教师的出勤情况。此外，区领导会对学校进行突然性的督查访问，并检查教师的出勤情况。未经批准而缺勤的教师可能会被解雇。如果一个教师在短时间内缺勤，同一学科的其他教师会代课。如果教师长期休产假或病假，学校将聘请代课教师。

根据对校长的调查结果，面临教师短缺时最常见的做法是雇佣退休教师作为代课教师（占受调查校长的 61%）。有时，学校也会在短期内从兄弟学校借用教师（占 17%）。此外，每个区都有一群代课教师，他们是高等师范院校高年级学生，或者是应届毕业生，他们可以在短时间内代替休假教师。因此，可以保证学生们在教室里有教师在场。

政策目标四：基于充分和透明的信息编制预算（先进）

上海市是根据明确的规定编制教育预算的。上海市教育委员会《市属高等院校预算管理办法》明确了教育经费划拨的标准。上海每一所学校的预算拨款遵循以下 4 个步骤。

(1) 每一所学校都准备一份附有解释性信息的预算以备所在区评估之用。上海每一所学校都制定三年计划来设定发展目标。发展计划是每个学校预算草案的重要基础。在准备预算时，学校也会考虑教职员工、入学人数和专门项目。每一所学校的教职工代表大会，由大约 30%的教师和职工组成，在预算制定过程中也参与提供建议和反馈。区教育局将各学校预算编制成一个总的预算版本，提交给区财政局。

(2) 区财政局对该预算草案进行评估，并向学校反馈经过批准的概算。

(3) 学校根据财政局的反馈来调整他们的预算，并将修订后的版本提交给所在区教育局。该局再次编制总预算，提交给区财政局进行第二轮评估。

(4) 区财政局批准本区各学校的预算后，总预算由市政府批准。经批准的预算然后被划拨给各区政府，区政府再将预算划拨给本区学校。

通过实施这一基于规则的过程，不仅学校在他们的预算中有权自主反映自己的需求，而且上海市能够对教育支出的需求作出快速反应，并对划拨给每一所学校的资源进行评估。各区在基础教育融资中发挥着关键作用。

在本财政年度结束时,该市收集有关实际教育支出的数据,为未来的预算规划提供信息。除了年度预算流程外,上海还为连续多年的教育支出制定规划。该市同时规划三年期和五年期的教育经费预算。

教育预算是建立在充分和透明的信息基础上的,并向社会公开。除了以上4个步骤预算流程外,为了确保充足的教育经费,上海坚持《义务教育法》规定的"三个增长"原则:①教育财政经费的增加应该高于该市财政经常性收入的增加;②生均经费每年都要增加;③教师工资和生均公用经费每年都应增加。

上海一贯强调教育在人类发展议程中的重要性。2013年,上海市政府的教育支出占GDP的比重超过3.5%。值得注意的是,相比其他有卓越表现的教育系统(见表4.6)而言,上海公共教育支出占GDP的比例相对较低,这可以归因于该市经济持续增长以及学龄人口比例偏低,而不是整体上投资水平低。事实上,该市要求所有区公共支出中用于教育的经费比例不得少于16%。如果有的区难以支付其预算拨款,那么该市将从资源充足的区转移资金以补贴困难区的公共教育。在现实中,43%的受访学校表示,从来没有因为缺乏资金而终止任何教育活动;47%的受访学校表示他们很少遇到缺乏资金的问题;只有9%的学校曾多次遇到这个问题。

表4.6 教育公共支出占GDP的比例

国家或经济体	教育公共支出占GDP的比例/(%)
中国(2013)	4.2
芬兰(2011)	6.8
中国香港(2013)	3.8
日本(2012)	3.9
韩国(2011)	4.9
新加坡(2013)	2.9
中国上海(2013)	3.5
美国(2011)	5.2

(来源:UNESCO Institute for Statistics 2015。)

尽管上海在教育方面的投入占GDP的比例较低,但由于其庞大的收入基础,其每名学生的公共教育支出远远超过了全国各级教育的平均水平(见表4.7)。

表 4.7　2013 年各级教育总的生均公共支出　（单位：美元）

	上海	中国
学前教育	3504	1066
小学教育	3810	1377
初中教育	5193	1878
普通高中教育	7861	2109
中等职业教育	7300	2281
高等教育（学士学位教育）	8783	4841
高等职业教育	6094	2759

（来源：National Bureau of Statistics of China 2013。）

公立学校获得人员和运行经费的拨款。人员支出包括工资和福利，并以学校的教师和教职工人数为基础。非工资运行经费支出主要是以生均拨款的形式拨发。上海市教育委员会为生均年度最低拨款设定了标准。例如，2014 年的规定要求生均拨款在小学不低于 1600 元人民币，在中学不低于 1800 元人民币。每个区都可以视自己的收入情况来选择增加学生的数量。运行经费支出（或称为业务支出）还包括基于教师人数的教师培训费和行政管理费用（如与工作有关的交通费、餐饮费和会议费）。区负责也分配学校维修和建筑的经费。根据对 153 名校长进行的调查，运行经费预算常常涵盖以下项目：公用事业（99%的学校在这一条款下使用了运行经费预算）、学习材料购买（90%）、办公用品（98%）、培训（91%）、设备采购（95%），以及建筑物和设施维护（94%）。

在资金分配方案中，学生的表现被有意地排除在标准之外，这样一来，那些接收学习困难学生的学校就不会处于不利地位。然而，高收入区（通常位于上海中心地区）的学校往往拥有更好的教育资源，因为这些富裕地区不仅拥有更高的绝对收入水平，而且还能超过上海市政府设立的 16%的门槛，在公共支出中支付更高比例的经费用于教育。

计划和执行的上海市教育预算是综合的，也是公开的。上海市政府每年都会向社会发布一份报告，内容是前一年全市预算的执行情况以及来年的预算计划，其中包括教育方面的内容。教育方面涵盖：①本年度的预算；②收入和支出的预算数据摘要；③上一年的预算执行结果；④关于新政策举措如何影响预算的解释。所有教育支出信息都是在本财政年度结束后的 10 个月内收集、整理和提供的。此外，区级预算数据可以在网上找到。一些学校还在学校网站上公布其教育预算的计划和执行情况，以供公众查阅。这种及时而全面的文件为决策者提供了关于预算执行效率的信息，并允许公众监督。在学校层面，80%接受调查的学校每年将本校的预算执行情况向教职工代表大会提交 1—2 次，作为一项接受财政监督的措施。

政策目标五：为贫困学生提供更多资源（成熟）

上海市在区和家庭层面有具体的政策帮助贫困家庭学生支付教育费用。上海义务教育是免除学费的，2007 年取消了教材费和杂费。基础教育的所有其他费用（如课外活动、校服和膳食等费用）的决定权则在学校。此外，在 2013 年，为了遏制课后辅导班的盛行，该市发布了指导意见，规定学校不能提供收费的课后辅导课程。公立学校教师也不能在校外提供有偿辅导。

上海市发布了《义务教育学生营养改善计划实施办法》，该计划向学校分配资金，为家庭收入低于贫困线或者父母为农村居民的学生提供免费午餐。对于高级中学（10—12 年级）的费用，贫困家庭每年可以申请 1000—3000 元人民币的教育补助。此外，有特殊经济困难或有残疾儿童的符合条件的家庭每年可申请免除学费，并获得 2000 元人民币的年度教育补助。在上海教育财政体系中，这些有针对性的援助项目为贫困家庭提供了较多的资源，有助于这些家庭的子女获得平等的教育机会。

除了上海市的政策法规外，平均 70%的受调查学校在学校发展规划中注意解决移民家庭子女（见文本框 4.1）、残疾儿童和弱势家庭儿童的教育机会问题。其中，这一比例在公立学校（75%）比私立学校（55%）高，在农村学校（74%）比城市学校（67%）高。总的来说，还有 27%的受访学校在日常工作中而不是在学校的计划中解决这个问题，这表明学校在实践中十分关心弱势学生群体的教育公平问题。

文本框 4.1　上海移民儿童的教育

由于中国城市化和移民的快速增长，原有的城市格局很难适应大城市日益膨胀人口的基本发展需要。例如，在上海，非本地居民的数量从 1986 年的 170 万人增加到 2012 年的 960 万人，几乎占到城市人口的 40%（Ming，2014）。1996 年，教育部起草了《城镇流动人口中适龄儿童、少年就学办法（试行）》，规定公立学校有义务招收有当地居住证的儿童。然而，这一要求面临着一些挑战。2006 年，我国修订后的《义务教育法》再次强调了流入地政府对移民子女的责任。但它也提到了“在附近学校入学”的原则。在2008年之前，北京和上海的移民学生仅有权入读公立学校，而且要求其父母有五个许可证：临时居留证、就业证明、居住证明、户口所在地关于家庭无法为其子女提供看护支持的证明，以及户口簿（Ming，2014）。2006年，人权观察组织估计，多达90%的外来务工人员没有获得全部5个许可证，因此，很难寻求公共教育服务。2012年，国家人口和计划生育委员会估计，北京有3.5%的农民工子女没有上学；在上海的移民儿童中，这一比例是5.1%，广州是5.3%，而全国平均水平是2%。[a]尽管上海市政府将这些许可证要求从5个减少到2个，但在北京，仍然要求有这5个许可证，给移民儿童入学公立学校设置了障碍（Ming，2014）。

上海市教育委员会认识到确保移民学生获得高质量教育的重要性，并因此采取了融合政策。根据经济合作与发展组织（2010，96）的数据，上海是那些以“理性和同情”对待移民子女的城市之一。上海市政府承诺向所有上海居民提供九年义务教育，包括符合条件的移民子女。截至2015年，上海将合格标准定义为，父母任何一方：①持有上海临时居民卡超过3年；②有在上海就业两年的证明。除了附近公立学校外，上海还设立了一个项目，从私立学校购买招生名额，免费招收符合条件的移民子女。

（来源a：China Labour Bulletin 2013（online）. “Migrant workers and their children.” http://www.clb.org.hk/en/content/migrant-workers-and-their-children.）

解决基础教育公平问题的政策往往更多地聚焦于学校和区层面，而不是个别学生。上海在区一级实行教育税以更公平地转让资源。根据这项政策，所有区都征收教育税，其中一部分被转移到市一级。随后，市政府将税收收入重新分配给存在困难学校的区，作为额外的教育经费。上海农村地区是这一政策的主要受益者，因为他们经常接收比较多的社会经济弱势学生，而且这些区所征收到的所得税较低。

在学校的层次，上海采用了一系列融资、管理和结对子策略，旨在改善业绩不佳学校的表现。最突出的模式是“委托学校”管理制度，它涉及业绩优良学校通过额外资金、管理和专业人员对表现不佳学校的支持。例如，与美国特许学校运动不同的是，委托学校管理模式往往将管理委托给另一所表现优异的学校，而不是私人实体机构。

“委托学校”的财政和管理

在确保学生平等进入优质学校方面,上海市教育委员会已经远远领先于其他省份的教育管理机构。在 1994 年,上海大约比中国其他省份提前 5 年取消了“重点学校”制度。中国的教育体系有着悠久的重点学校或公立学校传统,这些学校比其他学校获得了更多的资源,而且招生时有更强的选择性。上海要求其学生在小学和初中就近入学,而不是竞争重点学校有限的名额。这一改革的积极影响在于:①学生不再有进入重点小学和初中的高风险入学考试;②学生群体在类型和能力上有一个更全纳、更多样化的分布;③减轻父母在小学和初中学校选择方面的压力。为了进一步提高所有儿童获得高质量教育的机会,上海市教育委员会在 2007 年发起了一项名为“委托管理”的引人注目的倡议,为上海表现不佳的学校提供经济和技术援助。该倡议基于浦东区学校发展经验的调查结果(见文本框 4.2)。

文本框 4.2　上海委托管理模式的起源:浦东经验

历史:“委托管理”源自上海浦东新区的发展经验。2005 年以来,浦东政府在试点的基础上进行了委托管理。东沟高级中学是一所表现不佳的公立学校,被委托给上海教育管理咨询中心,由政府提供财政支持。在四年内,东沟高中从一所“低档次学校”变成了公立学校中公认的顶级学校。这一成功吸引了大量公众关注,特别是鉴于上海的学校质量和文化上的城乡差距这一考虑。

政策倡议:2007 年上海市教育委员会开始将这一委托管理模式推广到该市更多的学校。新开发的模式保持了浦东实验的本质特征。位于上海市中心的绩优公立学校或受人尊敬的专业教育机构,可以接管那些表现不佳学校的管理,并得到政府的财政支持和监督。在这一模式中,尽管被托管的薄弱学校的原所有权(original ownership)保持不变,但受委托顶级学校有权与薄弱学校一起在学校管理和核心教学实践中做出决定。重点是学校文化的整体发展和教育质量的提高。在实践中,高水平学校或专门教育组织与被托管的薄弱学校合作,制定为期三年或五年的学校发展计划,为被托管学校的长期发展奠定基础,并帮助被托管的学校避免回到到原来的状态。

在上海，教育融资的一种突出的方法是委托管理，它是一种专门开发出来用以提高薄弱学校（特别是在农村地区）教育质量的模式。在这一制度下，市政府专批一项特别预算，通过一份谅解备忘录或一份合同，鼓励实力强大的顶尖学校或专门教育机构支持弱势学校。顶尖学校的领导（通常是校长）被指派参与弱势学校的管理。谅解备忘录详细说明新管理团队将提供的技术援助的细节。通过这两所学校领导结对子，薄弱学校学习取得好成绩的策略，并在学校管理和教学实践中提高能力。只有当合同中规定的业绩指标令人满意时，市政府才会兑现预算中的专项经费。

人们发现这种结对子的做法有助于弱势学校的能力建设。据报道，2007 年在参与委托管理项目的初级中学中，51％的学校的高级教师增加了 5％以上；29％的学校的高级教师增加了 10％以上（Shen，2007）。

根据谭（Tan，2013）对上海教育模式的详细分析，委托管理项目可以采用两种形式：①通过更换薄弱学校校长来加强学校领导；②通过派遣优秀教师来支持现有的领导。上海教育评估院（被视为第三方评估机构）在初期、中期和最后阶段的定期监测和评估，是确保委托管理学校质量的一个机制。该评估结合了被委托和受委托的双方机构的自我评价以及来自专家的评价。在自我评估过程中，委托学校或组织根据他们的发展计划设计自我评估工具，然后根据这个工具对自己进行评估，具体内容包括学校的目标、行动、这些行动的实证材料、结果，以及与每项目标相应的效果。在专家进行的评估中，专家们对评估期内学校的变化进行批判性的检视，总结经验教训，并指出未来有待解决的问题。

为了进一步增加学生进入绩优高级中学的机会，上海在 2007 年引入了“名额分配政策”（名额分配法）。在这一政策下，绩优实验学校将不得不预留高中 18％[6]的招生名额给毕业于每个区的所有初中。在规定的配额内，初中毕业生进入这些绩优高中的机会，将以成绩为基础，所有学生都可争取（Tan，2013）。

特 殊 教 育

世界卫生组织建议各国提供主流教育和服务，以扫除残疾人与他人平等参与教育等活动和服务的障碍（WHO and World Bank，2011）。大多数经合组织国家一般为有特殊需要的学生提供主流教育服务（文本框 4.3）。上海有为听觉、视觉和语言障碍的学生服务的特殊学校，也有为智障儿童和自闭症儿童服务的学校。残疾学生或有特殊需要学生尚未普遍加入主流教育；然而，上海市教育委员会正努力在主流学校和特殊学校发展正式的特殊教育途径，包括开发单独的课程和教学材料(NCEE,2014)。此外，他们还建立了特殊教育教师培训体系，并一直致力于为特殊教育的职前教师培训制定标准。

文本框 4.3　其他国家的特殊教育规定

日本

根据具体残疾情况，特殊教育有三种方式：特殊学校、普通学校的特殊班级和资源室或普通教室。只要有可能，日本的教育工作者就会努力让有轻度和中度学习障碍的学生在课堂上和同龄人一起成长。日本也为那些不能像普通学校的孩子一样学习的学生(包括盲人、聋哑人或其他残疾学生)设置独立的学校。2003 年，在小学和初中的日本学生中，有 1.6%接受过特殊教育。对于那些学习困难较小的学生来说，同学们被期望互相帮助。这个过程是互惠互利的，因为辅导另一个学生能强化做更强学生的观念。总的来说，整个过程加强了教室内的社群意识(sense of community)。

新加坡

教育部和全国社会服务委员会资助特殊教育学校，这些学校通常按残疾类型来设置。然而，有很长的等候入学的学生名单。特殊教育是在中学后教育层次进行的，在那里，智障学生通过特殊教育培训计划为进入劳动市场做好准备。无论是从一开始还是在特殊教育中达到了一定水准之后，只要有可能，政府都会鼓励学生加入主流教育体系。为了这些学生，特殊需要服务人员被安置在主流学校，帮助那些有阅读障碍或高功能自闭症的学生。教育部还宣布，在未来几年，希望有 10%的小学和中学教师接受特殊教育培训。新加坡不要求那些不能进入主流学校上学的有特殊需要的学生完成义务教育。新加坡政府估计，那些不能或没有上学的人占总人口的 0.01%。

韩国

韩国教育部规定，每个省至少有一所特殊学校为需要特殊教育的学生提供服务。大多数特殊学校都是综合性的，为所有年龄段的有严重残疾的学生服务。鼓励有轻度或中度特殊需要的学生留在主流学校，根据能力差异，这些学生要么在学校的特殊班级就学，要么接受特殊课程和主流课程相结合的教育。2007 年，教育部制定了一份计划，旨在尽可能将特殊教育纳入主流教育。该计划的核心内容是为主流学校的特殊教育教师创造更多的就业机会，并为主流教师提供专业发展机会，使他们有能力开展特殊教育的教学。目前，教育部正在向四岁及以上儿童扩大义务特殊教育，为接受特殊教育的学生增加就业机会，并在高等院校建立特殊教育支持小组。

芬兰

2010 年，芬兰综合学校学生中有 23.3%的学生接受特殊教育，在学生需要帮助的科目中，接受了来自校本特殊教育的课外指导。学生分别在下列不同领域得到了帮助：12%，语言障碍；40.5%，阅读或写作困难；23.7%，数学学习困难；9%，外语学习困难；5%，学习困难或情绪障碍；8.9%，其他学习困难。至于被归类为有更严重学习障碍的学生，包括严重的发育迟缓、严重的残疾、自闭症、言语障碍症、发育不良以及视觉或听觉受损（2010 年占学校学生的 1.2%），他们在一所特殊教育学校接受教育。特殊教育教师在诊断和干预的过程中是很重要的，但仅仅依靠他们来鉴定学生是不可能的。每一所学校都有一个教师小组，每个月开会两次，以评估特定教室的成功和课堂内的潜在问题。该小组由校长、学校护士、特殊教育教师、学校心理学者、一名社会工作者和上课教师组成，决定问题是否存在以及如何纠正这些问题。如果该小组认为学生需要校内提供不了的校外帮助，那么学校会帮助他们的家庭找到专业的干预。

（来源：NCEE，2015。）

2014 年，该委员会宣布计划为接受医疗护理的残疾儿童提供个性化教育。这个计划包括一个综合的方法，整合来自教师和医生的专业知识，为每个孩子设计一个他或她需要的独特课程方案。它包括指派社区医生到当地学校，为有特殊需要儿童的教育工作者和家长提供定期的支持。据报道，截至 2014 年，上海有 9 000 多名注册残疾学生，包括失明、失聪、自闭症、学习困难和唐氏综合征学生（NCEE，2014）。上海可以考虑建立和加强一个全面的教育系统，让有特殊需要的学生能够被系统地整合到与非残疾儿童相同的教室里，在一定程度上，使所有的孩子长大成人后能完全融入社会继而融入劳动力市场。

政策目标六：有效地管理资源（先进）

核查教育资源使用情况的制度已经建立起来。重要的是要根据计划的教育预算来审核教育支出，让学校财务系统的参与者对他们的资源使用负责。根据中小学校财务制度的规定,上海的学校必须按规定的用途类别使用下拨的资金。学校的所有采购都需要有文件和收据的支持。由于教师工资是一项主要的教育支出,人事数据库可以帮助追踪相关开支。上海有一个人事数据库,每年至少全面更新一次。当教师在学校被录用或被解雇时,数据库也会被更新,因为学校要立即向区报告这些手续以获得批准。这一程序有助于人事数据库的定期更新,同时还有助于对工资数据库进行检查。

除了教师工资外,学校基础设施建设的资金开支是一项主要的教育支出。学校建设的法规和制度框架要求上海采用公开的竞标方式进行采购。学校建筑合同都是基于公开招标。上海的每个区都有一个专门办公室帮助学校进行公开招标,并接收投诉。这一透明的过程确保了对学校建设经费的有效利用,并且有利于减少腐败。

上海教育支出定期接受审计。根据中小学校财务制度规定,学校必须每年向区和市财政部门提交有关教育支出和收入的报告。根据调查结果,98%和96%的学校分别制定了财务管理和资金管理的具体政策,以确保严格的财务合规。除了财务报告外,学校还必须对预算、收入、支出、资金转移以及学生人数和教师数据的准确性进行内部财务监督。这些内部审计可以向教育主管部门及时提供关于每一所学校资金管理和分配的信息。市和区审计办公室还对学校的支出和收入进行外部审计,以核实全年的资源使用情况。那些未能通过内部或外部审计的学校将受到法律制裁。

小　　结

SABER-财政模块的应用为上海的公共教育财政描绘了一幅真实的图景,给该市以下几个政策目标的等级评价为“成熟”或“先进”:①确保学习的基本条件;②监测学习的条件和结果;③监督服务的提供;④基于充分和透明的信息编制预算;⑤为有需要的学生提供更多的资源;⑥有效地管理资源。

上海的公共教育投资约占 GDP 的 3.5%,略低于全国平均水平的 4.2%。然而,上海教育公共财政的主要目标,显然是确保从基础设施到教师和其他投入的最低限度的学习条件和标准。学习结果受到监控,但上海有意不再用学生学习结果作为一种明确的衡量财政拨款的标准。如果说学校评估与学校拨款之间有联系的话,那么这种联系就是上海努力通过“中小学学生学业质量绿色指标”开展全面的学校评估。表现不佳的学校和地区能得到额外的财政转移支付和其他特定的支持和安排，如得到管理、教学和财政等多方面援助的委托学校模式。

上海有可能改善对学校的信息和通信技术的规定，并进一步降低班级规模。信息和通信技术包括为教学和教育管理信息系统的活动提供基本的信息技术基础设施。尽管95%的学校说明他们的学生注册档案（基本学生背景信息）完全或主要是电子格式的，但在学生成长档案（包括学生历年更详细的成绩信息）方面，这一比例只有72%；在教师专业发展档案方面，这一比例只有67%。额外增加对信息与通信技术升级和减少班级学生规模的经费投入，将不可避免地影响未来的教育预算。

上海公共教育财政的另一个重要特点是重视改善表现不佳的学校或薄弱学校。事实上，与顶尖学校得到奖励的许多学校体系不同，上海没有为表现良好的学校提供资金激励；相反，多种财政资助和管理方法面向的是表现不佳的学校。这些机制包括：向业绩不佳的地区提供更多的财政转移支付，实行委托学校管理制度，在备受欢迎的示范高中保留一定比例的招生名额专门留给成绩较差学校的毕业生。

由于在过去十年中流动儿童的数量激增，满足弱势学生和人口群体需求的政策意识得到提高。上海一直积极制定新的政策和方法，扩大对流动和其他弱势儿童的教育服务。然而，还可以做进一步的努力——现行的“3年居住和就业”的资格标准可能过于严格，需要放宽以允许更多的移民子女进入当地公立学校或政府资助的私立学校，并接受免费义务教育。要求贫困儿童每年更新其贫困状况的做法，也可能给儿童及其家庭带来太多的羞辱。

特殊教育是另一个需要改进的领域。上海为听觉、视觉和语言障碍的学生设置了特殊学校，也为智障儿童和自闭症儿童开设了学校。然而，由于城市还没有形成一个融合教育的环境，残疾学生或特殊需要学生通常不会加入主流教育课堂。

进行一次全面的家庭调查对上海可能是有益的，可以全面了解流动儿童和特殊教育儿童的教育需求和制约因素。例如，了解私立教育对移民和其他弱势群体造成的负担，了解本地居民和非本地居民之间以及贫困和富裕人群之间的教育总支出的差异，也许是重要的。

最后，上海可以进一步完善对教师和低业绩学校的基于绩效的激励制度。

注　释

[1] 日本内务及通讯产业省（2007）．“U-日本一揽子政策”的构成．http://

www. soumu. go. jp/menu_seisaku/ict/u-japan_en/ new_plcy_pckg. html.

[2] 新加坡政府（2015）. E-政府. http://www. egov. gov. sg/about-egov-introduction;jsessionid=7559CB3C3647CA0C9CD859B01C519124.

[3] 韩国数字机会和推广协会（Korea Agency for Digital Opportunity & Promotion)(2007).“韩国促进 ICT 在日常生活中应用的信息化政策”. http://unpan1. un. org/intradoc/groups/ public/documents/unpan/unpan036280. pdf.

[4] 在很长一段时间里，大多数中国省份都要求分别举行独立的毕业考试和升学选拔考试。许多省份最近决定将这两种考试进行合并，就像上海那样。

[5] 这种模式要求上海的城区（往往有较好的学校和较丰富的教育资源）帮助相对薄弱或表现不佳的郊区或农村地区学校。表现优异的学校甚至可能与同一地区相对较差的学校结对提供帮助。

参考资料

[1] Ming, H. 2014. “Migrant Workers’ Children and China’s Future: The Educational Divide.” Asia-Pacific Journal 12 (9): 4. http://japanfocus. org/-Holly_H_-Ming/4084/article. html.

[2] Ministry of Education of China. 2014. “Feedbacks of National Education Supervision Group on Compulsory Education Balanced Development of 17 Counties of Shanghai.” Beijing. http://www. moe. edu. cn/publicfiles/business/htmlfiles/moe/ s5987/201403/166009. html.

[3] NCEE (Center on International Education Benchmarking). 2014. “Shanghai-China: Education for All—Student Support Systems.” Center on International Education Benchmarking, Washington, DC. http://www. ncee. org/programs-affiliates/center-on-international-education-benchmarking/top-performing-countries/shanghai-china/ shanghai-china-education-for-all/.

——. 2015. “Top Performing Countries.” Center on International Education Benchmarking, Washington, DC. http://www. ncee. org/programs-affiliates/center-on-international-education-benchmarking/top-performing-countries/.

[4] OECD (Organisation for Economic Co-operation and Development). 2010. “Shanghai and Hong Kong: Two Distinct Examples of Education Reform in China.” In Strong Performers and Successful Reformers in Education: Lessons from PISA for the United States. Paris: OECD Publishing. http://www. oecd. org/countries/

hongkongchina/46581016. pdf.

——2012. Database PISA-2012. OECD, Paris. https://pisa2012. acer. edu. au/downloads. php.

——2013. Education at a Glance 2013: OECD Indicators. Paris: OECD Publishing. Shanghai Municipal Education Commission. 2011. "Opinions on Quality Indicators of Primary and Secondary Education of Shanghai." http://www. shmec. gov. cn/attach/ xxgk/5108. doc.

[5] Shen, X. 2007. Shanghai Education. Singapore: Cengage Learning Asia. http://www. worldscientific. com/worldscibooks/10. 1142/t011.

[6] Tan, C. 2013. Learning from Shanghai: Lessons on Achieving Educational Success. Springer Verlag, Singapur. http://www. springer. com/us/book/9789814021869.

[7] Vegas, E. , and C. Coffin. 2013. "What Matters Most for School Finance: A Framework Paper." SABER Working Paper, World Bank, Washington, DC. http://wbgfiles. worldbank. org/documents/hdn/ed/saber/supporting _ doc/Background/FIN/ Framework_School_Finance. pdf.

[8] WHO and World Bank (World Health Organization and World Bank). 2011. World Report on Disability. Geneva: WHO.

第五章　平衡自主权与问责制

引　言

世界银行取得更好教育成果的系统方法的自主和问责模块(SABER-学校自主和问责)记载和分析了旨在加强学校和上海市教育系统两个层面的自主和问责的校本管理政策。这个模块的目的是为了衡量教育政策下学校自主和问责的程度(见表5.1)。它使用5个指标来评估自主性和问责程度:①学校在财政预算和批准上的自主权;②学校在人事管理上的自主权;③校委会对学校财务的参与程度;④对学校和学生成绩的评估;⑤学校问责制。

表5.1　SABER-学校自主与问责

政策和资源框架(目标和指标)	SABER等级
在学校预算规划和管理方面的自主程度	●●●○
1.业务费预算管理的合法权利	●●●○
2.非教学人员工资管理的合法权利	●●●○
3.教师工资管理的合法权利	●●●○
4.为学校筹集额外资金的合法权利	●●○○
5.协同预算规划	●●●○
人事管理的自主程度	●●●○
1.教师任用和解聘决定权	●●●○
2.非教学人员任用和解聘决定权	●●●○
3.学校校长任用和解聘决定权	●●●○
校委会在学校治理中的作用	●●○○
1.校委会参与预算编制工作	●●●○
2.校委会参与财政监管	●●●●
3.校委会参与人事管理	●○○○
4.校委会参与学校活动	●○○○

续表

政策和资源框架(目标和指标)	SABER 等级
5. 校委会参与学习投入	●○○○
6. 社区参与的透明度	●○○○
学校与学生评估	●●●○
1. 学校评估的存在和频率	●●●○
2. 使用学校评估来进行学校调整	●●●●
3. 标准化学生评估的使用和频率	●●●●
4. 使用标准化的学生评估来进行学校调整	●●●○
5. 学生评估公示	●●●○
学校问责制	●●○○
1. 学生评估结果使用准则	●●●○
2. 学校与学生表现分析	●●○○
3. 中央、地区、市、地方和学校各级财政问责程度	●●●○
4. 学校运作的问责程度	●●●○
5. 学习问责的程度	●○○○

注:评分规则:潜在(●○○○),新兴(●●○○),成熟(●●●○),高级(●●●●)。

学校自主是校本管理的一种形式,是指学校具有其运作的所有或某些方面的决策权,通常是在家长和社区的参与和协作下,对预算管理、人员雇用、调动和解聘,以及教师和教学实践评估的决定权(Demas and Arcia,2015;Arcia et al.,2011)。自主程度,或是自主的具体方面,以及利益相关者的参与,在不同学校系统之间有很大的不同。

学校问责制就是学校要承担责任,对自己的行为负责。推进问责制的措施包括:①遵守学校规章制度;②向上级有关监管部门汇报;③奖惩与预期结果挂钩(Demas and Arcia,2015;Arcia et al.,2011)。

根据 SABER-学校自主和问责评估模块,上海在所有政策目标中都被评为"成熟",只有"校委会在学校管理和问责中的角色"被评为"新兴"。

政策目标一:学校预算规划与管理的自主程度(成熟)

学校预算由学校编制和提出,经由各区审核,最后由市政府批准。上海市教育委员会制定的《直属事业单位预算管理实施办法》规定了预算编制和分配的过程(详见第四章)。

在这个协调合作过程中，学校考虑学生和工作人员的数量，以及学校项目的款项，主动做好经费预算。这一过程允许学校根据自身切实需要量身定制财政预算，并尽可能提高财政资源分配的效度。区财政部门对学校的预算提出修正建议，最终由市政府审批。因此，有两层监管机构确保学校预算的合理性。获得审批后，学校有权在规定的类别内执行预算。例如，与人事有关的预算基于教师和工作人员的数量，用于支付雇员的工资，培训费专门用于教师专业发展。

上海的公立学校不允许筹集资金，但他们有权要求在某些情况下改变业务费预算，比如意外事故或意外变化，以及学校财政政策的变化。

上海的学校对教师工资的影响很有限。中央政府、城市和学校都参与了编制内公立学校教师工资的管理（文本框 5.1）。教师工资包括基本工资和绩效工资（工资的 70％为基本工资，另外 30％属于绩效奖励分配）。中央政府发布了设置这两部分工资的指导方针。总的来说，教师的平均工资应该等于或高于中国公务员的平均工资。基本工资标准遵循《中小学教师工资标准》。对绩效工资构成的指导是在《关于义务教育学校实施绩效工资的指导意见》中提出的。市政府有权依据当地生活水平和经济发展程度决定基本工资的具体标准，即工资预算的 70％。由各个学校决定如何以绩效奖金的形式分配剩下的 30％。这样的三方机制确保所有教师都能拿到带有竞争性的薪酬，同时给予学校一定程度的自主权，鼓励教师争取更好的绩效奖励。

文本框 5.1　中国的编制制度

教师长期以来被认为是中国的“铁饭碗”，是一种安全的职业，有稳定的工资和福利。虽然公立学校的教师在中国并不是正式的公务员，但是他们是在编制制度下与政府签约的（一些民办学校也按这个制度与教师签约）。编制就相当于终身聘用的概念。教师必须通过特定的考试，并获得地区教育局的批准从而进入编制。有编制的教师有权享受医疗福利、住房津贴和养老金，而临时或代课教师则没有这种特权。根据《关于制定中小学教职工编制标准的意见》，有编制的教职工和学生的比例在小学应该为 1∶19，而城市的初中则为 1∶13。

上海和北京等大城市已经结束了教师的终身制。上海所有的基础教育教师都必须更新教师资格证，每 5 年进行一次考核。教师需要连续 5 次续签才能获得终身职位。这一举措给了政府和学校更多的杠杆作用，通过对教师施加压力，让他们更专注于教学，从而提高教师的水准。

在全球范围内，学校在决定教师薪酬方面只有有限的自主权。根据 2013 年经合组织关于治理、评估和问责制的报告，在大多数国家和经济体中，只有很少的个别学校对教师的薪水有显著影响。在经合组织成员国中，根据全国 70%以上学生所在的学校报告，普遍只有国家或地区教育部门才有权决定教师的起薪和工资增长（经合组织，2013）。相比之下，学校校长和教师的责任似乎落在选择和聘用教师、解聘教师、制定学校预算和决定校内预算分配上（经合组织，2013）。中国的学校也与此类似。

上海的学校在决定非教职员工的工资方面有更多发言权。根据中央政府发布的《中、小学教职工工资制度改革实施方案》的总体指导方针，非教学人员的工资标准应参照国家行政人员和教师的工资标准。以中央政府发布的指导方针作为最低参照标准，市政府和学校有权制定更具体的非教学人员工资标准。

私立学校和公立学校对比

上海学校的调查结果让我们得以一见校长的实际自治水平。表 5.2 比较了 153 所公立及私立学校校长的调查结果。调查显示，和其他许多国家一样，上海的私立学校校长的自主权通常比公立学校的校长要高。然而，上海的公立学校也享有相当大的自主权，尤其是在人事管理方面。公立学校最低的自主权是筹集资金。

根据经济合作与发展组织（2013）的数据，一个国家或经济体的学校内部在分配资源的自主程度上是有高低变化的。在比利时、德国、希腊、爱尔兰、罗马尼亚和土耳其，根据校长们的报告，国家内部的这种差异是相当低的，资源分配的自主程度比较相近。然而，根据智利、印尼、秘鲁、阿拉伯联合酋长国以及英国的报告显示，有些学校获准自行分配资源，而其他学校则是由国家或地区教育当局做决定。值得注意的是，在几乎所有的参与国或经济体中，私立学校在分配资源方面往往比公立学校拥有更多自主权。同样，在大多数参与国家或经济体中，高中在分配资源方面的自主权往往比初中要大。

政策目标二：人事管理自主权水平（成熟）

上海的学校在招聘和解聘教师方面有不同程度的自主权。在某些地区，学校可以直接向社会招聘，候选人参加区级考试并申请编制。在另一些地区，考生在申请学校职位之前,需要通过区级编制资格考试。此外,还有一小部分地区(主要是在上海郊区)允许学校根据候选人的背景和学校需要自行招聘教师。如果参加学校招聘,所有应聘人员必须接受面试,进行试讲,而且还必须要有大学文凭(小学教师要求大专以上学历,中学教师要求本科学历)和拥有教师资格证。学校不需要获得市级批准来审查教师的任命,但他们一定要与地区教育局密切协调,以确保聘请的教师能有本地区的编制。根据调查结果(见表5.2),81%的校长有权聘用教师(公立学校77%,私立学校92%);16%只有名义上的权力,4%没有这种权力。学校解聘教师的自主权似乎更有限:31%拥有实际权力(公立学校占17%,私立学校占74%),43%拥有名义上的权力,26%没有这种权力。

表5.2 公立与私立学校校长的自主程度(N=153)

自主领域	有		仅在书面		无	
	公立	私立	公立	私立	公立	私立
确定和管理教职工工资的权力	26%	74%	35%	16%	39%	11%
设置和管理教职工福利的权力	63%	84%	30%	11%	7%	5%
筹集资金的权力	11%	37%	8%	11%	81%	53%
编制财务预算的权力	71%	79%	22%	11%	8%	11%
招聘教师的权力	77%	92%	18%	8%	5%	—
解聘教师的权力	17%	74%	49%	26%	35%	—

教师调动在上海并不常见。每个地区都有权力制定关于教师调动的规章。例如,上海青浦区的学校向区教育局报告所需要的教师数量,区教育局把这一消息向全区所有教师公布。有兴趣的教师向原单位和接收单位递交申请,在两边都达成一致后,区教育局同意调动。一般来说,只有编制内的教师才能参加申请。教师的编制和附带的利益可以通过调动得以保留。

对诸如行政、维护和保安等非教学人员没有具体政策,其聘用和解聘过程通常更加灵活。申请人可申请学校公布的非教学职位,学校通过面试聘用。

对校长的聘用和解聘,上海没有统一的市级政策,但各区有权建立自己的流程。例如,在上海长宁区,学校每两年推荐合格的教师和行政人员作为校长候选人。这些学校推荐的候选人定期接受校长培训以备将来成为校长。此外,上海为学校校长制定了一个四年的职业晋升评级系统。基于其专业知识和管理水平,会晋升到更高级别。晋升不仅带来更高的薪水,而且还会提高校长的声誉,从而成为一种有效的激励机制。

政策目标三：校委会在学校治理中的作用（新兴）

学校管理和校委会在中国和上海有着与其他地方不同的概念和执行方式。公立学校在法律上由校长负责。校委会并不是学校管理体系中必备的一部分。校长负责制是中国学校管理的关键，包括以下几个组成部分：①校长；②党委书记和党委；③教职工代表委员会；④家校联合会。

与校长责任制并行的是党的管理体系。中国所有的公共机构都有党委书记，这个人是连接学校管理体系与校长的重要因素。每一所公立学校的党委书记和党委都参与学校重大决策活动。他们共同负责道德和政治教育，保持与党的原则一致。学校管理的另一个关键机制是教职工代表委员会，它由民主选举产生并参与一系列决策问题。决策的主要领域包括形成学校的章程、发展规划、年度工作计划、主要改革、培养学校文化和学校精神、人事、教师发展计划和实施、教职工绩效薪酬分配、年度预算、主要建设项目、学校安全条例、入学和毕业推荐、国际交流，等等。

在学校做出重大决定时，校长提出议题，与党委书记协商制定战略和计划，随后在学校里进行广泛的咨询。如果校长和党委书记在主要方向和方法上尚未达成一致意见，则教职工代表大会的讨论也会被推迟。当校长和党委书记意见一致，则由学校校长召集教职工召开代表大会，讨论议题（上海市教委，2011）。

自2012年以来，作为现代化教育体系的一部分，上海发布了建立家校联合会（PTAs）的指导意见，其中包括详细的职权范围、资格标准、组成、选举过程和期限。家校联合会的权利和责任在很大程度上仅限于促进和支持学校管理，以及孩子的家庭教育。虽然有一项条款规定家校联合会可参与教师评价，但并未规定其能干预学校的教学和管理。

家校联合会成员通常包括家长和学校校长，调查中46％的学校还包括教师。根据被调查的校长（共153所学校），家校联合会的主要职责包括：①促进学校和家长之间的沟通和合作；②参与和监督学校管理；③支持教学和学习。

对于私立学校，我国《民办教育促进法》要求并指导私立学校董事会的建立和实施。该法律要求私立学校建立具有决定权的学校董事会（表5.3，学校董事会和校长的主要职责）。由主席领导的学校董事会应包括至少以下成员：学校创始人、校长、教师代表和工作人员代表。三分之一的成员需要至少五年的教育工作经验。调查结果与政策相符：调查的39所私立学校中，大多数学校的董事会包括学校校长（97%）和教师代表（95%），82%的学校董事会还包括一些当地的杰出人士。

在上海，学校董事会负责为民办学校经费筹集。校长对学校预算编制负最后责任，而董事会在预算问题上有法律监督权力（见表5.4）。我国《民办教育促进法》赋予学校董事会法律认可，并赋予其审核和审查学校预算的权力。

表5.3　主要职责——私立学校董事会与校长

学校董事会	校　长
1.校长的任免	1.执行校董事会决定
2.修改学校章程，制定规章制度	2.制定学校发展计划，制定年度工作计划、学校预算与学校规章制度
3.制定学校发展计划，批准年度工作计划	3.任免学校教师和教职员工；实施奖励和惩处
4.筹措运行经费，检查并审核预算和最终支出报告	4.组织教学研究活动，确保教学质量
5.确定教职工工资和编制配额	5.管理学校日常工作
6.决定学校校区的拆分、合并或关闭	6.董事会授予的其他职责
7.决定其他重要事情	

（来源：《中华人民共和国民办教育促进法》。）

表5.4　私立学校董事会对校务管理的参与，根据校长调查的数据（$N=153$）

问题：你们学校董事会参与以下学校事务吗？	回答“是”的比例/（%）
校长的任免	95
预算编制	71
预算监管	84
学校发展计划制定	79
资金筹集	45
教学相关事务	21

学校董事会无权任用、调动或开除教师。但是，它有权力决定教师的工资水平和编制配额。校长负责任免教职工。

因为没有市级的政策、规章或手册规定社区或学校董事会参与学校的活动和教学投入，每一所民办学校都有自己的一套程序。关于学校董事会成员的选举也没有任何市级文件。民办学校接受上海市教育委员会民办教育办公室的指导和支持。表 5.4 显示了受调查的民办学校中校董事会参与学校运作的情况。

学校委员会(或上海民办学校的董事会)被视为取得更好教育成果的系统方法(SABER)学校自主和问责模块的一个重要因素。在这个政策上得高分的包含以下几个方面。

(1) 学校委员会在学校的规划和编制预算方面有发言权，根据法律，可以与学校校长分担责任。

(2) 学校委员会有权监督教师的聘用、解聘或调动；有发表意见的法律权力；有对课堂上所有学习投入活动的监督权力。

(3) 有正式的指导、说明和授权来组织志愿者计划、实施和评价学校的活动。

(4) 对委员会成员的定期选举、任期限定和召开常规会议都有明确规定。

有了这样的权力，学校委员会就成为连接学校管理者与家长、社区成员和学生的桥梁。通过学校委员会，家长和社区成员能够在学校管理问题上行使权力，切实从学生需求出发改善教学，使学校对他们的决定负责。地方合作和地方问责制模式有利于提高教师教学和学生学习成果。

在上海，公立学校的校本管理或自治更多地体现在校长和党委书记层面。公立学校没有董事会，但遵循校长责任制，校长们通过与党委书记协商，以及越来越多地与教职工代表大会协商，做出重要的决策。在上海，除了民办学校外，社区和家长直接参与管理学校事务的情况还很少见。从 2012 年起，随着政府努力使教育体系现代化，甚至在公立学校，家校联合会也经常发挥作用。然而，家校联合会仍然是一种新事物，目前在学校管理中所起的作用很有限。

政策目标四：学校和学生评估(成熟)

根据第四章所述学校财政状况，目前上海有两种类型的学校评估或评价：①由各地区教育督导办公室进行的定期年度学校督导访问；②基于样本的《中小学生学业质量绿色指标》也有一个评价模块来评估学生。

学校评估的结果由各区的教育局及市政办公室进行分析，以全面评估全市及各区的教育质量，并确定哪些是比较薄弱的领域。根据这些信息，针对最有挑战性的课程领域，开展具体的教师培训项目，还可以确定对哪些表现较差，力量薄弱的学校进行额外的管理和财政干预，如"委托"管理。

每年一次的全市和全国学生成绩评估给出了学生学习成果的全景。如前文所述，所有学生在九年级末参加毕业考试，升入下一阶段的学习。这次考试也是高中的选拔考试。在十二年级结束时，学生们参加高考，决定学生是否能上大学和在哪里上大学。

这些评估数据帮助政策制定者追踪学生学习成绩趋势。政策制定者也可以获得按地区和学校分类的评估数据，而且每所学校都有学生具体的成绩。这些信息有助于政策制定者更有效地和有针对性地利用资源以改善教育质量。不过，由于这些测试也是进入更高级教育阶段的选拔考试，故而成为高风险的测试。

上海的教育评估体系已经尽量努力让人们不要太看重评估结果。为了实现一个非应试驱动的、均衡的和公平的教育体系，上海市政府在《上海未成年人保护条例》中明确规定，学生小学升初中时学校不能组织任何选拔性考试。虽然市政府制定了促进整体成绩要完成的市级进步目标，但对学校并没有根据学生的成绩和升入中学的比例来进行评估。学校也不能通过官方获取个体学生在标准化评估中的成绩，以避免为获取高分给学生造成额外压力。在实践中，学校采取各种措施来减轻学生的学业负担。在被调查的学校中，有94%的学校进行了改革，以提高教学效果和减少家庭作业量；62%的学校规定了教师可以布置给学生的作业量，并进行定期的家庭作业检查；77%的学校调查了这个问题并做出了相应的调整。

政策目标五：学校问责制（新兴）

上海市《关于减轻过重课业负担深入实施中小学素质教育的若干意见》，强调为基础教育质量评估设计创新性的评估并建立综合评价体系的重要性。上海市教委《关于进一步规范中小学课程教学工作深入实施素质教育的若干意见》，力求建立一个全面的评估框架，不太强调学生的评价结果。该文件规定，对1—3年级学生不应进行区级考试。对于4—8年级的学生，每年只能进行一次区级的学业评估，随机挑选的学生人数不超过学生总数的30%。

这两项指导意见都在网上公开，呼吁学校积极与家长和社区沟通，并通过电话热线和网络社群等机制，让家长了解有关学校和学生发展的事宜。正如学校调查显示的那样，99%的学校都在学校或网上设立了公告栏发布相关信息。此外，为了便于公众监督，上海的每个区都设有办公室，接受家长对学校的投诉。市级层面，家长可以拨打热线电话向上海市教委投诉学校。对于核实属实的投诉，市教委会对学校进行调查或者有可能进行处罚。这些公共渠道使家长和社区能够行使监督权力，并对学校提供反馈意见。

上海分析市级标准化学生评估结果。分析的目的不是进行学校之间的比较，而是了解全市学生成绩的整体进步趋势。因此，一些市级层面的教育统计数据，例如毕业率，可能会向公众公布，但详细分析的结果无论对家长还是社会都是保密的。学生个人的标准化评估结果只对学生个人公布。

上海的教育体系在多个层面上表现出高度的财务问责。让学校对自己的财务管理负责，确保了对优质教育资源的有效利用。上海的学校必须严格遵守国家的《中小学校财务管理制度》，该制度详细规定了预算、收入、支出、结余和资本资产管理。所有学校都需要在学年结束时提交详尽的支出报告，以供审查。在国家政策的基础上，学校也制定了自己的规定来指导财务管理过程。

对于民办学校，上海已经发布了《上海市民办中小学财务管理办法》和《上海市民办中小学会计核算办法》。这两份文件对财务管理和透明度、向监督机构提出要求以及未能遵守条例产生的后果都做了具体规定。所有民办学校必须在年底前 4 个月内向教育部门提交一份年度财务报告。

对学校运作过程中的各项工作进行问责的规定已经全面形成。我国《义务教育法》和《小学管理规程》规定了学校运作的所有规则，包括招生管理、教学实践、人事、行政、惩处，设施和卫生，以及向监督机关汇报的程序。此外，在《关于减轻过重课业负担深入实施中小学素质教育的若干意见》中，学校在学年开始两周后必须在公告栏和网站上公布他们的年度课程计划。这些信息对家长开放，他们可以通过家校联合会、社交媒体或其他申诉平台提出反馈和建议。

在上海，根据《上海市未成年人保护条例》，学校不得向公众公布学生评估结果。这一政策旨在避免过分强调学生成绩，取消学校排名，减少对学生、老师和学校的考试压力。

一些政策规范了上海市学校的教学自主权。虽然中央政府在《中小学教材选用管理办法（草案）》指导下就教科书选择事宜负责制定政策，并进行指导和监测，但地方政府有权选择教科书，在某些情况下，参加试点项目的或有特殊需求的学校还可以申请自行选择教材。

上海市《普通中小学校教学装备标准》规定了小学和中学不同学科的教学设

备的种类和数量，但学校有根据自身需要调整设备清单的自主权。

教育部为所有学科设置了总体课程标准。上海市已经发布了《上海普通中小学课程方案》。学校可以根据自己的优势和重点课程自主设计30%的校本课程。在实践中，受访的153所学校在过去3年平均开发了25个校本课程，每周提供4门此类课程。除了校本课程外，学校还为学生提供广泛的课程资源，包括校外专家讲座（75%）、学校层面的课外活动（98%）、地区和市级课外活动（83%）以及在线课程（25%）。

此外，教师有一定的教学自主权：42%接受调查的学校允许教师在课程确定后进行一些教学调整（pedagogical modifications），39%的学校鼓励教师进行教学创新。只有3%的学校要求教师严格按照课程标准进行统一教学。

学校的校历是市级统一制定的。上海市教委每年都会发布一份校历，确定学期的开始和结束时间。例如，2014学年①从9月1日开始，第一学期结束于1月30日（共22周），第二学期将于2月27日开始，6月30日结束（共19周）。

然而，对公共论坛（public forums）形式的利益相关者并没有明确的政策和学习问责机制（learning accountability），社区和家长往往充分信任管理教育事务和教育机构的专业教育人员。

总　结

SABER-自主和问责评估准则被用以评估教育政策赋予学校自主和责任的程度。五套指标被用以评估以下维度的自主和问责：①学校在财政预算和批准上的自主；②学校在人事管理上的自主；③校委员会对学校财务的参与度；④对学校和学生成绩的评估；⑤学校问责制。

总的来说，上海的制度可以被描述为有限度的学校自主、高度的专业问责和遵守规章制度。20世纪80年代开始实行的财政分权政策，使上海市对义务教育和市属的高等教育机构负责。此外，上海还获得了基础教育的课程自主权。在中央政府的总体指导下，上海有充分的自主权在市内进行教育事务管理和财务管理。由于中央政府颁布的大部分教育政策都只是大体框架，上海市可以在这些政策范围内自主决策。

在上海，学校在与区和市政府的协商中也有很高的自主权。原则上，学校在

---

① 应该是2014—2015学年——译者注。

市政规定的参数范围内决定预算。学校还可以自行开设30%的课程。校长们拥有聘用和解聘教师的权力，不过他们很少使用；如果需要这样做，他们也会与区办公室协商。学校可以管理自己的业务预算，包括聘用和解聘非教学人员。大约30%的教师工资也由学校管理，以便体现教师的教学工作量和表现的差异。

上海明确规定学校必须遵守财务管理办法和其他市级要求。学校每年接受一次督导访问，并按《中小学生学业质量绿色指标》进一步接受综合的学校评价。但是上海有意识地努力避免用学生考试成绩作为奖惩的明确机制。这一政策似乎与美国的做法正好相反。事实上，上海利用学校评估来确定力量薄弱和成绩不佳的学校，然后提供额外的资金和管理来帮助这些学校改善他们的状况。这也与许多国家的情况相反，在许多国家，优秀的学校往往会受到额外的重视并得到奖励。

当然，在现实中，九年级末的中考对小学教育、高中毕业时的高考对初中教育有着巨大的影响，并继续导致应试型的教学。学校继续被根据学生在这些考试中的表现进行评估。同时，政府在努力探索高考改革，使学生有更多的机会被大学录取。

在上海，一种隐性的但更有力的专业问责制似乎正在发挥作用。因为校长被要求作为教学领导者，教师都受过良好的训练、得到重要支持，他们职业生涯的发展阶梯也很完备。加之教学研究小组允许教师从事专业发展活动，因此专业问责制变得更加突出。

社区和家长的参与在上海还是比较薄弱的。根据规定，学校由校长负责，每所公立学校都配备党委书记。在现实中，校长与党委书记以及教职工代表大会协商处理学校事务。在一些学校设立了家校联合会，不过作用有限。民办学校必须有校董事会，但其作用和责任仅限于非教学方面。

然而，这一发现也表明，在教育制度较有力的国家，特别是在培训和选拔优秀教师方面，学校管理的自主权和问责制可能并不是成功的必要条件。在欧洲和东亚很多高业绩的国家，信任才是问责制的关键因素。家长信任并支持这个教育系统，因为事实证明——通过国际学生评估等国际测试项目的结果显示——这个系统成绩斐然。然而，在那些测试成绩优异的国家，在学校自治和问责的环境中，信任和专业精神都是非常显著的。

参考资料

[1] Arcia, G., K. Macdonald, H. A. Patrinos, and E. Porta. 2011. "School

Autonomy and Accountability." World Bank, Washington, DC. http://siteresources.worldbank.org/EDUCATION/Resources/278200-1290520949227/School_Autonomy_Accountability_Framework.pdf.

[2] Demas, A., and G. Arcia. 2015. "What Matters Most for School Autonomy and Accountability: A Framework Paper." SABER Working Paper 9, World Bank, Washington, DC. OECD (Organisation for Economic Co-operation and Development). 2013. "School Governance, Assessment and Accountability." In What Makes Schools Successful? Resources, Policies and Practices. Paris:

[3] OECD Publishing. http://www.oecd.org/pisa/keyfindings/Vol4Ch4.pdf. Shanghai Municipal Education Commission. 2011. "Opinions about Further Improving the Principal Responsibility System in Primary and Secondary Schools."

[4] Shanghai. http://wenku.baidu.com/view/90fc221ba76e58fafab0030c.html? from=search.

第六章　创建有效的学生评估体系

引　　言

“SABER-学生评估”根据有效评估系统各组成部分及其特性的现有证据，对学生评估政策进行分析与基准检测。该模块的构成围绕评估系统的两个主要维度：组成该系统的评估活动的类型和这些活动的质量。该模块旨在促进有助于优质教育的全面而严格的评估体系。

评估类型和目的

2012年的“SABER-学生评估”框架给出了这一模块的实证基础(Clarke，2012)。根据克拉克(Clarke，2012)的说法，评估是“收集和评价学生了解、理解并能够做什么的信息，以便对下一阶段教育过程做出明智的决策的一般过程”。评估系统由三种主要的评价活动组成：课堂评估、考试和大规模系统层次的评估。

(1) 课堂评估(持续或形成性评估)是作为日常课堂活动的一部分进行的。这种评估的对象是在各个教室进行的教学和学习，并指出取得的成绩和需要改进的地方。课堂评估包括家庭作业、学生表现、诊断性小测验和测验。

(2) 考试聚焦的是整个教育系统的学生进步。他们提供学生的信息以便在学生毕业、入学和获得证书等方面做出筛选决定。

(3) 大规模系统层次的评估评价整个教育体系的表现，并向决策者和实践者提供有关设计和实施教育政策和实践的相关信息。

三个主要因素决定了评估活动在任何系统中的有效性：支持性环境、系统一致性和评估质量。

(1) 支持性环境是指评估活动发生的更广泛的背景和环境，以及该环境对学生和教师学习的影响程度。它涵盖评估活动的政策框架，设计、执行或使用评估结果的制度结构，充足和稳定的资金来源，以及训练有素的评估人员。

(2) 系统一致性是指评估与教育体系的其他部分保持一致的程度。它包括评估活动与系统学习目标、标准、课程、职前和在职教师培训之间的一致性程度。

(3) 评估质量是指评估活动的手段、过程和程序的心理测量质量。它包括设计和实施评估活动，分析和解释学生对这些活动的反应，以及报告和利用评估结果方式的适当性。

“SABER-学生评估”模块收集和评估三类评估和相关质量驱动因素的数据(见表 6.1)。总体而言，上海对课堂评估、考试和大规模评估的等级评分至少是“成熟”水平，某些达到了“先进”水平。

表 6.1 SABER-学生评估，上海

政策和资源框架(目标和手段)	SABER 等级
课堂评估	●●●○
1. 支持性环境	●●●○
2. 系统一致性	●●●○
3. 评估质量	●●●○
考试(初中毕业考试——中考)	●●●○
1. 支持性环境	●●●○
2. 系统一致性	●●●●
3. 评估质量	●●●○
考试(高中毕业考试——高考)	●●●●
1. 支持性环境	●●●●
2. 系统一致性	●●●●
3. 评估质量	●●●●
国家级评估	●●●○
1. 支持性环境	●●●○
2. 系统一致性	●●●○
3. 评估质量	●●●○
国际评估	●●●○
1. 支持性环境	●●●●
2. 系统一致性	●●●○
3. 评估质量	●●●○

注：评分规则：潜在(○●●●)，新兴(●●○○)，成熟(●●●○)，先进(●●●●)。

课堂评估(成熟)

“SABER-学生评估”表明,上海的课堂评估被评定为“成熟”。如表 6.1 所示,以上讨论的三个效果驱动因素被用来评价上海在课堂评估上的成就。

政策目标一:支持性环境(成熟)

在上海的教育体系中,课堂评估经常进行。学生参加每周一次的测验、口头测验和展示,整个学年都有家庭作业。除了教师有计划地对每个班级学生进行的评估之外,同一年级的学生定期参加每周或每月、期中或期末的共同的书面考试。

我国中央政府部门和上海市都发布了指导课堂评估的正式的系统层次的文件,即每门课的课程标准。特定科目的标准包括学生每年要获得的具体知识领域和技能。此外,每一套标准都专门包含一个部分谈学习评估。例如,对于数学,国家课程标准强调家庭作业和课堂观察在学生成绩评估中应该与测验和考试同等重要。上海的数学课程标准提供了更详细的指导方针,将课堂评估设立为一种对学生整个学习过程进步与否进行的持续性评价与分析。该标准建议,数学评估应侧重于学习兴趣和态度,数学认知理解,以及在数学学习中进行分析性和创新性思维的能力。该标准鼓励使用进步指标,还包括对评估方法(如辩论、家庭作业、调查和与科目相关的工艺制作)和内容的建议。此外,课程标准指导文件还提供了如何报告评估结果并利用这些结果来提高学生成绩的信息。参考课程标准中列出的学习目标和评估的指导方针,教师能够设计有效的课堂评估。

政策目标二:系统一致性(成熟)

为确保市级课程标准和相关评估的顺利实施,上海市教育委员会 2013 年发布《小学阶段实施基于课程标准的教学与评价工作的意见》,指导教师按照课程标准开展教学活动和评估。该文件鼓励教师设计反映学生学习成果和跟踪学生成长的形成性评估,而不是把注意力集中在学生之间的互相比较上。由于普遍加剧的考试压力,该文件明确规定,对一年级和二年级学生的课堂评估不能以书面考试形式进行。

在上海,有多种机制确保教师发展课堂评估所需的技能和专业知识。所有教师都必须参加为期一年的在职培训,以提高他们的教学技能和开展课堂活动的能力，其中包括课堂评估设计。此外，专业发展活动，如教学研究小组和课堂观察（见第 3 章），包含了一些课堂评估的特定组成部分，如讨论评估的设计和分析等。此外，为使教师具有最新的评估相关知识和技能，上海市组织了针对教师和校长的评估培训。网上资源也可用于教师规划评估活动。

政策目标三：评估质量（成熟）

上海教育系统密切监测课堂评估。课堂评估是教师绩效评价的核心内容。当校长或领导小组进行课堂观察时，他们会密切观察教师的评估活动，并评价这些活动如何促进学生学习。课堂评估也是每个区学校督导的必要组成部分。为了改善课堂评估，市级和区级教研室定期进行关于学生评估状况的研究项目以资决策。

全世界大多数学校使用评估数据的目的是多样化的（文本框 6.1）。上海采取了适当的措施以确保有效使用课堂评估结果。评估结果被仔细录入学生成绩档案和教师档案中。在有严密信息系统的学校，学生数据被导入学校数据库，其他学校则选择纸质数据系统。评估结果需要向主要的利益相关者，包括学校管理者和家长传达。在上海，训练有素的教师和密切的监测有助于保证高质量的课堂评估。评估不仅评价要求学生掌握的关键知识领域，而且也衡量其一般能力，如纪律和协作。评估结果也用于诊断学生的学习问题，向学生提供关于学习的反馈，改善教学，与家长沟通，并满足学校对学生成绩评估的要求。

文本框 6.1　学生评估目标和成绩数据

评估实践和目标（OECD 2013，148）。根据校长们的反馈，评估在经济合作与发展组织国家最普遍地用于：

- 告知父母他们孩子的进步；
- 监管学校每年的进步；
- 确定教学和课程中可以改善的方面；
- 判断学生是受到阻碍还是得到促进；
- 以地区或全国成绩来比较本校的表现；
- 将本校与其他学校进行比较；
- 为了教学的目的对学生进行分组；
- 判断教师工作的有效性。

成绩数据的校外使用(OECD 2013,152)。成绩数据被用于涉及学校、教师、合作伙伴和学生以外的一些利益相关者的问责目的。

· 公开发布数据:经合组织成员国的校长们普遍报告,45%的学生的成绩数据是公开发布的。在荷兰、新西兰、瑞典、美国和英国,这一平均数超过80%,而阿根廷、奥地利、比利时、芬兰、日本、中国上海、瑞士和乌拉圭的比例还不到10%。

· 随着时间跟踪成绩数据:根据经合组织国家校长报告,平均72%的学生成绩档案受管理部门的跟踪。这一平均数在其中31个国家和经济体中甚至高达80%多,在日本为7%。

(来源:OECD,2013。)

考 试

学生参加市级和国家级两种类型的考试:①九年义务教育结束时的全市考试,也作为高中入学考试;②高中毕业考试,也作为高等学校入学考试。[1]

九年级毕业或高中入学考试(中考)(成熟)

在初中(九年级)结束时,所有学生必须参加上海的初中毕业考试。测试科目有语文、数学、英语、物理和化学。体育、实验室操作和学生的道德伦理也计入学生的最终考试成绩。考试服务于2个目的:一个目的是为进高中做筛选,另一个目的是为基础教育系统的整体表现提供信息参考。考试的总分决定了学生入学的高中类型;要进入高水平的综合学校则需要在考试中表现优异。

"SABER-学生评估"概括了测量上海学生成绩的政策框架的三个主要组成部分(见表6.1)。总的来说,在三个政策目标上,上海学生的中考成绩都在"成熟"和"先进"之间。

政策目标一:支持性环境(成熟)

正式政策文件准予考试。2014年,上海市教委发布了《关于初中毕业考试的建议》和《初中毕业考试计划》。这两份文件都在网上公布。第一份文件公布了考试的细节,包括考试科目、考试结构、评分方法和对特殊需要学生的豁免。第二份文件为每个科目的考试形式和评分提供一般指导。大多数科目包括多项选择题、问答题或两者的结合。

市政府定期为举办考试划拨资金，涵盖从设计、管理到结果报告和研究活动的各个层面的费用。除了经济上的支持，上海考试还有很强的组织机构和广泛的公众支持。上海教育考试中心是负责考试准备和实施的指定机构。考试是上海社会公认的一项社会活动，得到学生、家长、教育者和媒体的密切关注，没有出现任何政治上的反对意见。上海教育考试中心对上海市教育委员会负责。

有效的人力资源是考试的保证。上海教育考试中心不仅有足够数量的专职人员参与考试工作，而且每年还邀请全国各地的专家参与其规划和设计。工作人员有机会参加大学课程和非大学的培训课程，中心还为参加教育测量和评估相关的国际项目和课程提供资金。

考试与城市统一的课程标准相一致，该标准不仅包括各科学习目标而且被利益相关群体广泛接受。

政策目标二：系统一致性（先进）

教师能获得有关考试的信息和培训机会。基于2009年《上海市初中毕业统一学业考试工作意见》，选拔和组织教师为考试出卷和阅卷的一个系统方法已经产生。候选人必须有丰富的教学经验，并且必须由区教育局推荐参与出卷和阅卷过程。该文件规定，每年至少有三分之一的人员必须更换，并提出最长出卷阅卷年限为三年。上海市还对这些教师进行系统的培训，尤其注重训练他们参与考试相关工作的能力。

上海采取了一些措施来确保考试的公平和质量。在政策层面，为有听力障碍的学生提供特殊的住宿，并免除英语科目的听力考试部分。对于其他类型残疾的学生，推荐或代之以其他形式的评估也许是值得考虑的。

政策目标三：评估质量（成熟）

由于其主要目的是作为一种高中入学的选拔机制，对上海的孩子来说，中考的风险越来越高。该测试最终决定了初中毕业生可以进入哪一类高中。上海有三种类型的高中：普通高中、示范或实验高中和职业高中。每一种学校都有最低入学要求。示范或实验高中的入学分数最高，职业高中最低（某些学校没有最低分要求）（见表6.2）。

表6.2　2015年中考录取分数线

高级中学类型	中考分数线/分
示范或实验高级中学	555

续表

高级中学类型	中考分数线/分
普通高级中学	475
职业高级中学	330

（来源：上海市教育委员会，2015 年，http://www.shanghai.gov.cn/.）

不难想象，示范和实验高中能够招收到最优秀的毕业生，吸引更多高素质、有经验的教师，创造出“好学生—好教师—优秀学校—更多优秀学生”的良性循环。示范高中和实验高中是家长和孩子们共同追求的目标。这些学校也将更多的毕业生送到中国甚至世界最好的大学。相比之下，职业高中往往招收成绩较差的学生。虽然政府近年来努力振兴职业教育，提高职校毕业生的就业率，但职业教育仍然与耻辱相连，对大多数毕业生来说它是一种退而求其次的选择。

为减轻家长和学生的压力，多方正在努力协调进行考试改革。各科目考试的形式已经历了好几轮的变化。2008 年增加了体育考试，以鼓励学生更积极地锻炼身体。此外，为了应对上海最近的高考改革试点，上海市计划在 2016 年改革初中毕业考试。

十二年级毕业考试或高等学校入学考试（高考）（高级）

上海学生参加全国高等学校入学考试（高考）。高考是一项严格的、具有高度竞争性的考试，全国的学生都必须在高中最后阶段通过高考进入中国的高等教育。学生们在 6 月份参加为期三天的考试。自 1977 年以来每年都要进行高考，考试是书面考试，再加上体格检查。受测试的科目因地区而异，但通常包括语文、数学、英语和一门学生自选的人文或科学科目。尽管各省可以使用国家统一命题的考卷，但许多省市都选择在符合国家指导方针的前提下，使用自己出的考题。考试题目可以是多项选择题、开放式问答题和作文。一个学生能否上大学、上哪一层次的大学几乎完全取决于考试成绩。

大多数中国人都认为这一高风险的高考在中国社会具有特殊的意义。和中考一样，高考的结果不仅决定了学生是否有资格上大学，还决定了上哪一种类型的大学。中国的大学被分为四类：第一层次的大学，由中国精英大学组成，旨在培养各领域的优秀人才；第二层次的大学主要是省级或市级大学，旨在培养专业水平的技能；第三层次的大学主要包括私立大学；而最不吸引人的第四层大学，则是颁发文凭的技术和职业院校，旨在培养学生技能。教育部在考试后公布每一批大学的录取分数线（见表 6.3）。只有那些分数高于各批录取分数线的学生才有资格进入相应级别的大学。

表 6.3　2015 年和 2014 年上海高考录取分数线

大学的类型		高考录取分数(2015)	高考录取分数线(2014)
第一批：精英大学	文科	434	448
	理科	414	405
第二批：普通大学	文科	372	403
	理科	348	331
第三批：私立学院	文科	—[a]	—[a]
	理科	—[a]	—[a]
第四批：职业技术学院	文科	144[b]	108[b]
	理科	194[b]	158[b]

注：a：分数在不同高等院校之间可能会有很大的不同。总分或范围数据不可得。

b：为语文、数学和英语 3 个科目的综合分数。其他分数是 5—6 个科目的综合分数。

（来源：2015 高考咨询系统，“高考最低录取分数线” http://www.eol.cn/html/g/fsx/gedi/shanghai.shtml。）

政策目标一：支持性的环境（先进）

国家高考政策非常明确。每年，教育部都会发布一份官方文件，授权执行高考。2014 年《普通高等学校招生工作规定》详细介绍了 2014 年高考的所有重要内容。根据该文件，教育部是负责协调高考的主要机构，主要参与协调和管理的有国家考试中心、省级高考委员会以及相关的高等教育机构。该文件不仅涵盖了高考的目的和管理结构、考试报名要求和学生数据的收集，还提供了全面综合的实施规定，包括如何处理考试中不适当的行为（如作弊、贿赂、泄露考题）和对有特殊需要的学生的规程，以及进入高等教育机构的选择和录取过程。

有相当强的一支领导队伍进行高考的准备和实施。教育部把考试试题的设计和评分规则的主要责任委托给全国考试中心、省级高考委员会以及相关高等院校。国家考试中心在全国高考设计中处于主导地位，各省高考委员会则负责省级高考命题。中国的一些重点大学也获准自主命题出卷，专用于它们自己的招生过程。

考试的主要相关利益群体，包括学生、大学和高中，他们都为考试提供持续的支持。考试结果全国公认，并作为大学录取的主要指标。高考也是中国社会公认的一项社会活动，在考试期间获得广泛的媒体关注和报道。为方便学生参加考试，全国各地的政府都会在高考期间协调交通和采取一些安全措施。

用于准备和实施高考的经费，依照 2014 年《普通高等学校招生工作规定》，属于地方教育支出的常规组成部分。参加高考的学生也要交一定费用。经费涵盖所有核心的考试活动，包括考试的设计、管理、数据分析、报告、研究和开发。

在高考规划和实施背后是一个强大的组织结构。教育部在这个过程中起主导作用。教育部制定全面政策，审查省级考试计划，授权试题设计并监控考试的实施。国家考试中心和省级高考委员会在考题设计、评分和数据分析上起主导作用。省级高考委员会也负责考试的组织管理。这种健全的制度确保有充足的资源和工作人员保证每年高考的顺利进行。

政策目标二：系统一致性（先进）

考试与国家课程指南和标准一致。因为考题因地区而异，也反映所有相关利益群体普遍接受的地区课程标准。学生们为高考做大量的准备工作，在高中的最后一年，他们所有的时间几乎都用于学校的严格训练、练习和课后辅导。在一些地区，高考准备在高中的第一天就开始了。各种各样用于考试的复习材料随处可得。每一所学校都为学生提供学习材料，市场上还有各种版本的练习卷。复习资料也包括往年高考卷和解释考什么的考试大纲。教师在高考中起着重要的作用；他们参与试题设计和选择，也参与考试的管理、评分和监督。

政策目标三：评估质量（先进）

为确保评估符合质量标准并有效实施，《普通高等学校招生工作规定》作为一份综合性的技术报告，可供公众查阅。高考经历着严格的质量保证程序，包括内部和外部审核、外部审定、试行和转化（translation）确认。考试的过程和结果受到监督委员会和专家审查小组等机制的密切监视。

具有高中或同等学力的所有学生都有资格参加考试。政府采取各种措施以确保高考的公平性。在考试过程中，不适当的行为是被严格禁止的，这样的事件也很少发生。为了确保考卷的安全，它们被存放在铁门紧锁的封闭的房间里，内设多个摄像头，24 小时监控。如果在考场中出现代考、抄袭、串通、作弊等情况，考试成绩被视为无效。由于监控严格，高考结果得到了各利益相关方的广泛认可。

学生的考试成绩是保密的。考试结果主要用于选择高等院校。对高考的一种普遍批评是，学生经历 12 年教育后只有一次机会进入大学。如果一个学生的成绩低于录取线，他或她必须再复习一年准备考试。学生也可以选择与本人高考分数相当的竞争较小的学校。

政府对本科和专科的招生设置了1∶1的比例。录取分数集中决定。研究型大学（一流大学）的入学要求最高，技术和职业院校的要求最低。因此，即使上海试图减轻学生在基础教育方面的考试压力，参加高考的竞争也不可避免地给学生带来了负担，他们在上大学之前，尤其是在高中阶段，整个教育过程都充满了密集的考试。

20世纪70年代末推行的独生子女政策意味着如今大多数中国家庭都只有一个子女，他们肩负着父母和祖父母的期望。根据国际学生评估项目（PISA）的学生调查问卷，上海学生的家庭作业负担最重，每周约有11个小时用于家庭作业。

考试对学生施加了巨大的压力，教师也被迫为考试成绩而教学，忽视学生的全面发展，这一切引起社会越来越多的批评。中国国务院于2014年9月发布了一项计划，在2020年前全面改革高考和招生制度。改革涉及目前高考制度的重大变化：最终考试成绩包括高中结束时的语文、数学和英语考试成绩，以及三门自选科目在整个高中期间的考试成绩。学生在同一年也有两次机会参加英语考试。这项改革正在上海和浙江省试行，从2014年的高中新生群体开始。2017年将对试点经验进行总结和推广。到2020年，全国将建立和推广一种新的高校招生和入学制度。

国家级的大规模评估（成熟）

作为政府努力监测基础教育质量特别是努力提高农村和欠发达地区的教育质量的一部分，中国在2008年开始试行国家级评估。在为期7年的试点阶段，政府开发了测试工具，在选定的学校和县试点，并在国家、省、县教育管理部门设立了相关机构。2015年4月，国务院正式推出《国家义务教育质量监测方案》。该方案每年对四年级、八年级学生进行两个科目的抽样评估，在三年时间内共涵盖六个主要科目（语文、数学、科学、体育、艺术和道德教育）。

2015年6月完成了第一次数学和体育评估，在全国323个县和31个省的6476所小学和初中，总共涵盖20万名四年级和八年级学生。此外，大约6500名校长和10万名数学和体育教师通过结构化问卷提供反馈。[2]

2011年，上海市教育委员会开展了一系列题为《中小学生学业质量绿色指标》的调查。这些调查的总体目标是满足教育领域内涵发展的要求，优化教育管理，建立良好的教育生态。一般来说，这些调查的指标包括学生学业成绩、学生学习动机、学生学业负担、师生关系、教师的教学风格、校长的课程领导、学生的社会经济背景对学业成绩的影响、学生的道德行为，以及这些指标每年的进步情况。这些调查的潜在参与者包括义务教育阶段的所有小学和初中学生。2011年，被抽样的学生是四年级和九年级的学生。调查工具包括学术测试（小学语文和数学，初中语文、数学、外语和科学），调查问卷（对象为学生、老师和校长），以及学生身体健康监测。

国际大型评估（成熟）

上海是中国参与国际评估的先锋城市之一。在2009年和2012年，这个城市参加了PISA测试。该城市还宣布了参与2015年PISA测试的计划，还有其他一些中国城市和省份将首次参加。

总的来说，基于“SABER-学生评估”在几大目标上的指标，上海的等级被评为“先进”和“成熟”级。尽管上海在PISA项目上的表现很出色，在确保国际评估支持性环境方面有先进的规定，但其在PISA教师专业发展方面以及评估数据的评价后利用方面的表现都被评为“成熟”级，而不是“先进”。

政策目标一：支持性的环境（先进）

为参加2009年和2012年的PISA，上海市教育委员会发布了一份公告，告知大众本市要参与评估，并寻求所有相关部门在组织和实施上的合作。参与PISA的财政拨款来自教育委员会的常规研究经费，涵盖参与、执行、数据处理和分析、研究及成果传播等所有核心活动。

为了促进PISA进程，上海设计了一个综合管理体系。为了落实评估活动，上海市于2007年成立了上海PISA委员会（SHPISA），负责评估的实施和研究活动；任命了一名上海PISA协调员。这位协调员是上海教育系统的专家，也是当地一所大学的校长。在市级协调和建议方面，上海市教育委员会成立了一个指导委员会，由四个相关部门组成：考试中心、上海PISA委员会、市教育研究中心和市教育评估中心。该指导委员会还请专家就评估执行情况提供意见和建议。这样一个PISA团队不仅让经验丰富的专家准确有效地执行评估活动，还确保部门间的协调和广泛传播PISA结果。两轮PISA测试在上海顺利完成。

政策目标二：系统一致性（成熟）

上海为市民和学生提供了许多了解PISA的机会，包括工作坊、大学课程和为参加工作坊提供经费。在该领域工作的个人、研究这个专题的大学生以及对评估感兴趣的专业人士都受益于这些机会。

政策目标三：评估质量（成熟）

上海符合 PISA 要求的所有技术标准，其相关数据发布在经济合作与发展组织 PISA 报告的主要部分中。测试结果也在国内公布，在公布结果的当天，一些主要的中国报纸在头版报道了这些测试成绩。随后的几个月里，更多的媒体参与了报道和讨论。然而，由于上海将评估视为整个教育系统的诊断工具，而不是对个别学校的评估，因此，没有为参与学校提供测试结果，以避免制造学业压力和竞争。

无论是 2009 年还是 2012 年，上海在所有参与国家和地区中都表现优异，因此吸引了国际社会的关注。经合组织的 PISA 报告《教育的强力执行者和成功改革者：美国从 PISA 学到的经验教训》（OECD，2011），其中第四章写到上海的教育系统："上海和香港：中国教育改革的两个鲜明的例子。"《纽约时报》和英国广播公司等各种媒体都根据评估结果发表了分析上海教育政策的文章。上海 PISA 成绩的广泛传播，为国际评估和教育改革做了全球宣传。上海还接待了包括美国、英国和澳大利亚在内的一些国家的来访，以分享其教育系统的特色。2015 年 11 月，英国还进行了一项数学教师交流项目，为上海和英国提供双边教学和学习理念的交流。

PISA 结果对决策产生了重大影响。中国教育研究人员对上海的 PISA 成绩进行了深入分析，以确定其优势和劣势。该城市还组织了若干讲习班和讨论会，与主要利益相关方讨论这些结果。因为 PISA 提供了学生背景、教师和学生分析能力的综合数据，测试结果被用于提高课程质量、教师培训、评估、系统层面的资源配置。测试结果还影响了上海重要教育发展政策文件《上海市中长期教育改革与发展规划纲要（2010—2020 年）》的基础教育规划部分的设计。

总　结

本报告应用"SABE-学生评估"综合描画了上海学生评估的图景，其范围从进行中的课堂评估到全市和全国范围的考试，再到大规模的国家和国际评估。谨慎的标杆分析表明，上海在各方面指标至少都属于"成熟"水平档，在某些方面甚至属于"先进"水平档。

中国有悠久的考试传统。早在公元 600 年的唐朝，科举考试就被用来选拔国家官僚机构的候选人。今天的学生考试仍然受到这个传统的影响，选拔仍然是考试的主要目的。新中国成立后，中国的学生评估逐步发展成为一个复杂的多层次系统，既有高风险的选拔测试，也有诊断性的课堂测试，以及大规模的基于样本的评估。

由于高质量的教师培训、促进教师不间断专业发展的教学研究小组组织都包括在学生评估中，中国上海在课堂评估方面表现特别突出，这与学校持续改善教与学密切相关。

虽然政府在政策层面做了很大的努力，在义务教育期间减少学生的考试负担，但高考和中考导致的连锁反应无疑从小学教育之前就开始了。政府的一项首要任务仍然是继续改革中考、高考，通过增加考试次数，拓宽测试领域，创建多种类型和层次的教育来减少中考、高考的重要性，缓解父母和孩子对一旦失败就没有下一个机会的恐惧。上海目前正在做中考、高考改革试点，将在 2017—2018 年推出更灵活的考试形式。

今后可以进一步发展大规模的和基于样本的诊断测试。中国在 2015 年首次实施了国家基础教育质量评估，所以仍有很大的空间和机会来进一步改进评估，并有效地利用结果来制定政策，尤其是减少不同省份之间、城乡之间、贫富地区之间巨大的教育质量差距。中国应该鼓励更多的省份参加国际评估，从而揭示全国的教育状况。上海是唯一的一个在 2009 年和 2012 年参加 PISA 测试的中国内地省份。到 2015 年，又有更多的中国省份参加测试。

中国有强大的传统和能力来开发和实施测试。虽然以认知测验为主，但可以更多地关注学生的社会情绪及其他与未来劳动力市场相关的技能评估。

注　释

[1] 在 2005 年之前，基础教育阶段九年级的毕业生必须参加两种考试：一种是毕业考试，另一种是高中选拔考试。但在 2005 年，这两种测试合并为同时服务两个目的的一种测试。

[2] 2015 年中华人民共和国教育部：《2015 年国家义务教育质量监测顺利完成》(http://www.moe.edu.cn/jyb_xwfb/gzdt_gzdt moe_1485/201506/t20150629_191522.html)。

参考资料

[1] Clarke, Marguerite. 2012. "What Matters Most for Student Assessment

Systems: A Framework Paper." SABER Working Paper, World Bank, Washington, DC. https:// openknowledge. worldbank. org/bitstream/handle/10986/17471/682350WP00PUBL0WP10READ0web04019012. pdf? sequence=1.

[2] OECD (Organisation for Economic Co-operation and Development). 2011. Strong Performers and Successful Reformers in Education: Lessons from PISA for the United States. Paris: OECD Publishing.

——2013. "School Governance, Assessment and Accountability." *In What Makes Schools Successful? Resources, Policies and Practices.* Paris: OECD Publishing. http:// www . oecd. org/pisa/keyfindings/Vol4Ch4. pdf.

第七章　政策及实施与学习结果相结合

引　言

本章集中分析上海学生的学习成绩，并根据2012年PISA结果，考察不同学校之间的各种特点和教育实践如何与学生的学习成绩相联系。PISA旨在测量15岁学生的认知能力，主要是数学、科学和阅读能力。2012年的PISA还首次包括了“问题解决技能”的模块，在本章(文本框7.1)将予以特别关注。

文本框7.1　PISA概念系统的定义

阅读素养：个体理解、使用、思考、处理书面文本，以便达成个人目标，发展个人知识和潜能，并参与社会的能力。

数学素养：个体识别和理解数学在世界上的作用，做出有充分理由的判断，运用数学来满足一个有建设性、有爱心、善思考的公民的个人生活需要的能力。

科学素养：个体掌握一定科学知识并能运用这些知识去识别问题，获取新知识，解释科学现象，得出与科学问题相关的、基于事实的结论；能理解科学作为人类知识和疑问的一种形式的典型特点；能认识到科学和技术如何塑造我们的物质、精神和文化环境；作为一个善于思考的公民，愿意以科学的理念从事与科学相关的活动。

解决问题的技能：2012年PISA设置“解决问题”评估，是为了尽可能地关注认知过程和一般技能，而不是特定领域的知识。解决问题的能力即指当一个问题的解决方法并非显而易见时，一个人通过认知过程去理解和解决问题的能力。它还包括作为一个有建设性和思考力的公民乐于通过这类情况实现自己潜能的意愿。

(来源：OECD，2013。)

上海 2012 PISA 成绩

2012 年 5177 名来自上海 155 所学校的学生参加了 PISA 测试(表 7.1 和表 7.2)。取样严格遵照经济合作与发展组织的协定和质量保证规定,确保样本能代表上海 15 岁学生。

表 7.1　2012 年上海 PISA 的学校样本数量

学校类型	学校数量/所
初级中学	60
综合高中	23
普通高中	40
模范或实验高中	21
一般高中	19
职业中学	32
总数	155

(来源:Data from OECD 2012,PISA 2012 database (http://pisa2012.acer.edu.au/)。)

表 7.2　PISA2012 不同类型和学程学校的学生样本数量

学程	学校类型	学生数量/人
初中/普通	普通初中	1899
	综合高中	433
	普通高中	31[a]
高中/普通	普通高中	1381
	职业高中	4[a]
	综合高中	346
高中/职业	职业高中	1083
总数		5177

注:a—这些学生参加普通高中的普通初中学程,或参加中等职业学校的普通高中学程。

(来源:Data from OECD 2012,PISA 2012 database (http://pisa2012.acer.edu.au/)。)

2012 年,上海继续保持数学、阅读和科学三大领域的领先地位。其中数学平均 613 分，等于从 2009 年起年均提高 4.2%，比经合组织平均水平高出 119 分，相当于多学了 3 年时间。阅读平均分为 570 分，相当于从 2009 年起年均提高 4.6%，高于经合组织 496 分的平均水平，等于多了一年半以上的学习时间。科学平均分为 580 分，比经合组织平均 501 分以上精熟水平的四分之三还多。

此外，上海得高分者(达到 5 级或 6 级精熟水平)的比例也是最大的，数学有 55.4%、阅读有 25.1%、科学有 27.2%。尤其在数学方面，上海学生有 30.8% 达到了 6 级，数学分数集中在高分区域的学生人数超过分布在其他任何等级的人数，这在 PISA 参与国(经济体)中是绝无仅有的。此外，上海的教育体系在参加 PISA 的国家(经济体)里也是最为公平的，比如，它的抗逆力强的学生占比最高达 19.2%。这些学生指的是，在控制了社会经济地位这个变量后，在所有参与国和经济体中，成绩在前 25%的学生中含有这些弱势群体学生。上海抗逆力强的学生，其数学表现和社会经济地位之间的关联度也低于经合组织的平均水平。

不同学程成绩比较

在参加评估的上海 15 岁学生中，普通高中学生在所有四个类目(数学、科学、阅读和解决问题)上都取得了最高成绩，其次是初中学程的学生(见表 7.3)。

表 7.3　不同学程以及不同类型学校的数学、科学、阅读和解决问题成绩(PISA 分数)

科目	初中	普通高中	职业高中	一般学校	示范学校	上海
数学	592	684	540	662	718	613
S. E.	6.27	3.71	4.78	5.79	6.26	3.29
科学	566	636	520	625	657	580
S. E.	5.69	3.12	4.15	3.81	5.56	3.03
阅读	554	623	515	608	649	570
S. E.	5.49	3.08	3.95	3.05	5.44	2.86
解决问题	514	593	493	578	616	536
S. E.	6.01	4.33	4.83	6.93	7.06	3.29

注：S. E. 即标准差。

(来源：Data from OECD 2012，PISA 2012 database(http://pisa2012.acer.edu.au/)。)

普通高中和职业高中学生之间的差距很大。职业高中学生四个类目的平均分甚至低于普通初中学生(见图 7.1)。

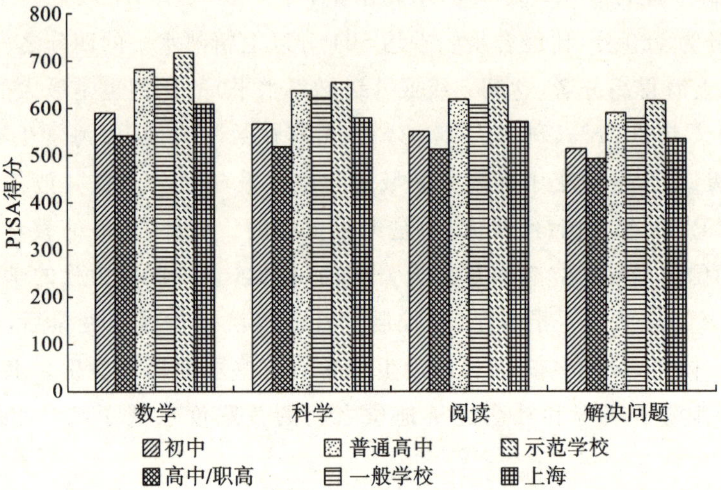

图 7.1　不同学程和一般与示范学校数学、科学、阅读和解决问题的成绩

(来源:Data from OECD 2012,PISA 2012 database (http://pisa 2012 acer. edu. au/)。)

在普通高中学程的学生中,示范或实验高中的学生在四个领域的得分都高于一般高中的学生。如果将示范或实验高中的学生与职业学校的学生进行比较,最大的差距是 178 分(数学)。

经济合作与发展组织 2012 年报告的比较数据显示,在 2012 年 PISA 测试中,上海学生的数学成绩总差异有 47%反映于校际差异中,略高于中国香港特别行政区(40%)、中国台湾(40%)、韩国(39%)和新加坡(37%);但低于日本(53%)(见图 7.2)。

此外,发现高达 58.8%的上海校际差异体现在不同学程上(初级中学或高级中学,职业中学或普通中学),远高于经合组织的平均水平(40%),以及东亚地区的其他教育系统(例如,中国香港为 7.6%、日本为 13%;而在韩国和中国台湾,这一比例均为 35%)。

以下部分首先比较了不同学程之间学生和学校的特点,然后在不同学程(初中、普通高中和职业高中)内部调查学校层次特点与学生学习成绩的关系。

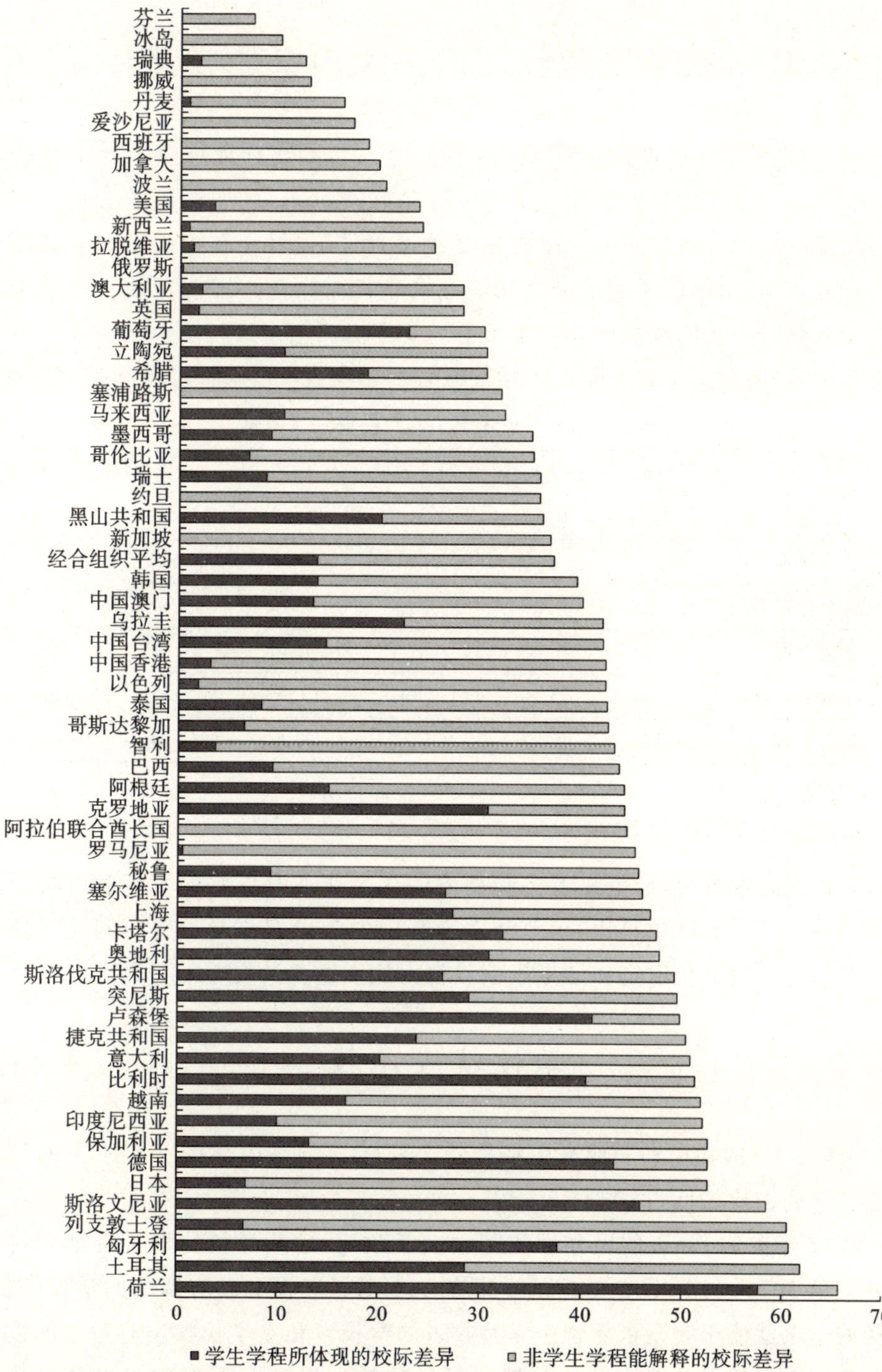

图 7.2　校际差异和不同学程(初中或高中,职高或普高)体现的 PISA 数学成绩整体差异百分比

(来源:OECD 2012,PISA 2012 数据库(http://pisa2012.acer.edu.au/)。)

比较不同学程学校之间个人和家庭背景特点

初中、普通高中和职业高中之间，学生个人和家庭背景特点差异十分显著（见表7.4）。普通高中女生数占高中学生总数的56%，比职业高中和初中的女生占比都高。而且普通高中学生的家庭经济条件、父母受教育程度和家庭拥有教育资源、文化资源的程度普遍都比职业高中的学生高。上海普通高中学生家长的受教育时间比职业高中学生家长平均要多出两年多。与职业高中和初级中学比起来，普通高中上过一年以上学前教育的学生占93%，而前者只有85%。

表7.4　不同学程中个人和家庭特点比较

PISA 变量	初中	普通高中	职业高中	一般	示范	所有类型
女性	0.48	0.56	0.51***	0.56	0.58	0.51
经济条件	−0.87	−0.53	−0.91***	−0.62	−0.47*	−0.76
家庭教育资源	−0.15	0.20	−0.14***	0.10	0.29*	−0.03
文化资源	0.41	0.68	0.22***	0.65	0.73	0.46
父母教育程度	12.46	13.80	11.89***	13.31	14.30***	12.79
学前教育	0.85	0.93	0.85***	0.93	0.93	0.88

注：见附表A变量描述。* $p<0.05$，** $p<0.01$，*** $p<0.001$。

（来源：2012 OECD，2012 PISA 数据库（http://pisa 2012 acer. edu. au/）。）

在普通高中里面，示范或者实验高中的学生往往有更好的家庭教育资源和经济条件。和一般高中相比，示范和实验高中的学生家长受教育时间几乎要长一年。但在家庭文化财富和学生学前教育占比上这些学校差距不大。

学校特点比较

上海90%的初中和职业高中都是公立的[1]，普通高中全是公立的，只有综合中学公立的占比最低，仅76%。

2012年参加PISA的民办学校都独立于政府，这些学校的核心资金来自政府的不足50%。上海民办学校的学生有36%就读于没有政府资助的学校，同等比例的学生就读于完全依靠学生学费收入的学校。私立学校学生有一半就读于10%—30%经费受政府资助的学校，5.8%的学生就读于45%核心经费受政府资助的学校。与之相比，公立学校内部的资金来源有所不同：上海公立学校的学生只有60%就读于不把学费作为经费来源的学校。如图7.3(a)所示，少部分公立学校从政府得到的资金不到其主要资金的50%，3%的学生所在的公立学校主要资金一半以上来源于学生学费(见图7.3(b))。

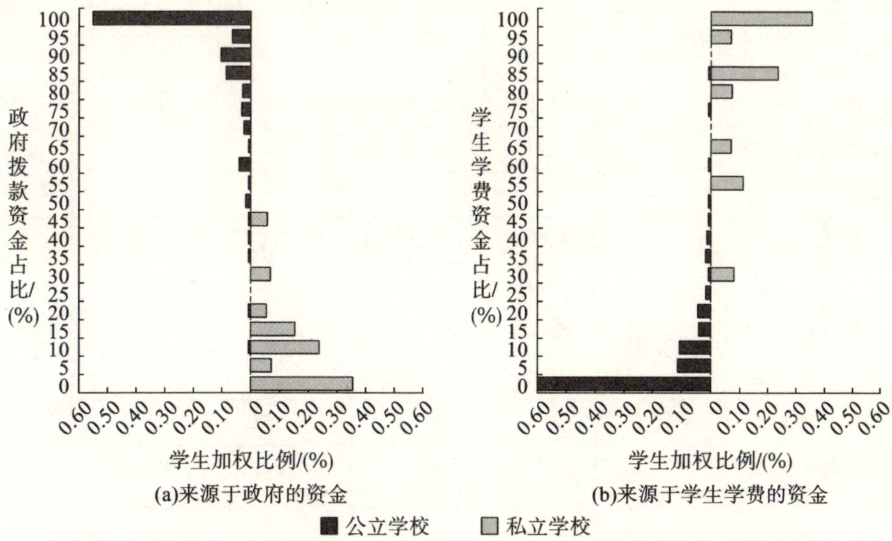

图7.3　不同经费来源(政府拨款和学生学费)比例学校的学生分布

(来源：2012 OECD，2012 PISA数据库(http://pisa 2012 acer. edu. au/)。)

这四种学校的招生政策也有很大差别。17%的初中考虑学业成绩和原学校老师的入学推荐，到高中这个比例则高达92%，而职业高中招生有这两方面的要求的只占60%。这说明在高中不同学程内部和之间，学生成绩的差别不仅与学校的质量有关，也和根据学生上高中之前的学业成绩对学生进行分类的招生过程有关。但是PISA举办的时间正在15岁学生进入高中各学程后不久，所以，以下部分展现的关系就可以理解为“什么学校特点预示其学生成绩更好?”“什么类型的学校能吸引成绩较好的学生?”

普通高中和职业高中的主要区别在于教学资源：职业高中的生师比为1∶17，相比之下，普通高中的生师比为1∶9。此外，普通高中平均99%的教师拥有高等教育文凭，而在职业高中，这一比例为92%。此外，高级中学和综合中学比初中有更多创造性的课外活动。

令人奇怪的是，对影响学校风气的师学相关因素的测量发现，在职高数值最低，但在普高却最高(见表7.5)。考虑到这两项测量都基于校长报告，很可能是这两个变量并没有衡量实际的破坏程度，但却表明了校长对破坏性学生行为和教学实践的了解程度。因此，在解释这些结果时应该谨慎。

表 7.5　不同类型学校的特点比较

PISA 变量	初中	综合中学	普通高中	职业高中	总计
组织，竞争和政策					
公立学校	0.90	0.76	1.00	0.91***	0.91
竞争	0.73	0.89	0.86	0.87	0.82
成绩	0.17	0.61	0.92	0.60***	0.53
数学班级分组	0.95	0.95	0.92	0.93	0.94
教师					
生师比	1∶11.52	1∶11.61	1∶9.27	1∶17.23***	1∶12.22
持高校文凭的教师比例	0.93	0.96	0.99	0.92***	0.95
教师精神面貌	0.10	−0.01	0.01	−0.35	−0.04
科学教师短缺	0.38	0.37	0.25	0.45	0.36
数学教师短缺	0.36	0.46	0.27	0.42	0.36
阅读教师短缺	0.33	0.42	0.27	0.32	0.32
资源					
学校教育资源质量	0.22	0.01	0.34	−0.10	0.15
基础设施	−0.18	−0.39	0.10	−0.19	0.14
电脑网络	0.98	0.96	0.99	0.86	0.95
班级平均规模	38.63	39.23	38.11	41.59	39.25
创造性活动	1.74	2.55	2.76	2.46***	2.30
自主权					
资源分配指数	−0.29	−0.28	−0.46	−0.03	−0.27
学校课程与评估责任指数	−0.71	−0.87	−0.77	0.29	−0.52
问责制					
家长压力	0.20	0.39	0.17	0.10	0.19
成绩跟踪	0.68	0.81	0.57	0.41	0.61
氛围					
学生相关因素	0.53	−0.08	0.89	−1.06	0.18
教师相关因素	−0.61	−1.00	−0.23	−1.16	−0.69
领导力					
领导力	−0.32	−0.32	−0.26	−0.69	−0.39
教学领导力	−0.13	−0.11	−0.24	−0.44	−0.23

续表

PISA 变量	初中	综合中学	普通高中	职业高中	总计
发展领导力	−0.08	−0.33	−0.29	−0.54	−0.28
教师参与管理	−0.80	−0.71	−0.81	−0.87	−0.80

注：见附表 B 变量描述。* $p<0.05$，** $p<0.01$，*** $p<0.001$。

（来源：OECD 2012 数据，PISA 2012 数据库（http://pisa2012.acer.edu.au/）。）

在普通中学，一般与示范中学或实验中学之间在数据上有明显差别的就是生师比和班级规模（见表 7.6）：示范中学和实验中学的生师比更大（1∶10），班级平均规模也更大（41 人）。地方对示范中学的巨大需求也许能解释这一现象。这点似乎也能说明小班化和生师比并不能直接转换为学习成绩。示范和实验中学的校长报告显示，学生相关因素对学校氛围的影响更大，这说明校长们很可能更关注学生的破坏性行为。

表 7.6　普通与示范或实验中学的特点比较

PISA 变量	普通中学	示范中学或实验中学
组织，竞争和政策		
公立学校	1.00	1.00
竞争	0.83	0.89
学业成绩	0.94	0.90
数学课堂分组	0.94	0.89
教师		
生师比	1∶8.80	1∶9.71*
持高校文凭的教师比例	1.00	0.99
教师精神面貌	−0.11	0.14
科学教师短缺	0.23	0.26
数学教师短缺	0.35	0.21
阅读教师短缺	0.28	0.26
资源		
学校教育资源质量	0.25	0.44
基础设施	−0.11	0.30
电脑与网络	0.99	0.98
班级平均规模	35.25	40.87***

续表

PISA 变量	普通中学	示范中学或实验中学
创造性活动	2.62	2.89
自主权		
资源分配指数	−0.52	−0.41
学校课程与评估责任指数	−0.90	−0.66
问责制		
家长压力	0.17	0.16
成绩跟踪	0.57	0.58
氛围		
学生相关因素	0.47	1.30
教师相关因素	−0.15	−0.31
领导力		
沟通领导力	−0.32	−0.20
教学领导力	−0.31	−0.17
专业发展领导力	−0.36	−0.23
教师参与管理	−0.99	−0.63

注：见附表 B 变量描述。* $p<0.05$，** $p<0.01$，*** $p<0.001$。

（来源：OECD 2012 数据，PISA 2012 数据库（http://pisa2012.acer.edu.au/）。）

对数学、阅读和科学素养的评估

不同特点的学校与学生的数学、阅读和科学素养有什么关联呢？在对学生个人和家庭背景因素进行控制的前提下，我们对每个学程（初中、普高和职高）学生在数学、阅读和科学三大领域的 PISA 分数进行了评估。学生在九年义务教育后通过中考实现普高和职高的分流，而 PISA 测试就在此后不久举行，所以我们对每个学程（初中、普高与职高）都分别用独立的回归模型进行了评估。在阐释这些结果的时候，我们不想用估算结果来随意进行因果推论，而是以学生成绩的更好或更差来看学校的特点。我们也强调这种关系可以从两方面加以阐释：一方面，教学质量高的学校产生更好的学生成绩；另一方面，一开始它们招收进来的学生本来就有更好的成绩。

初中

在控制学生和家庭背景特点的情况下，初中学生的数学、阅读和科学成绩主要与学校管理上是公立还是私立有关：民办私立学校这三个领域的学生成绩普遍好于公立学校，尤其数学和阅读的分数有显著的统计差异。

对师资和教学资源的测量看起来并不能解释初中学生成绩的差异，只是阅读成绩更好的学校更多地反映语文师资短缺。在学校资源这一指标中，学校提供的创造性课外活动与学生在上述的这三个领域更高的成绩有关。

学生成绩较差的初中在学生评估政策、教科书、课程内容和供应上往往有更多的自主权，而成绩较好的初中的课程主要由地区、当地或国家教育当局决定。在课程自主性和成绩表现之间，数学在统计学上呈显著的负相关，但阅读或科学并没有体现负相关（见表 7.7）。

表 7.7　学校特点与初中学生数学、阅读和科学素养相关性评价

PISA 变量	数学		阅读		科学	
	回归系数	标准误	回归系数	标准误	回归系数	标准误
组织，竞争与政策						
公立学校	−67.73	15.552***	−61.05	13.018***	−28.98	12.954
竞争	−4.00	12.631	−3.42	10.196	−8.56	10.338
学业成绩	5.70	12.995	6.18	11.888	6.08	9.192
数学课堂分组	−12.89	15.591				
综合中学	−16.04	11.003	−14.68	9.546	−13.79	9.826
教师						
生师比	−1.12	0.827	−0.29	1.029	−1.12	0.907
持高校文凭的教师比例	−8.26	47.532	7.58	41.106	−1.76	42.584
教师精神面貌	6.13	3.679	2.47	3.470	3.35	3.602
教师短缺	7.46	9.688	20.50	9.482*	5.30	8.318
资源						
学校教育资源质量	0.65	4.576	4.98	4.139	−1.12	3.969
基础设施	1.83	5.420	−2.79	5.236	2.56	4.910

续表

PISA 变量	数　学		阅　读		科　学	
	回归系数	标准误	回归系数	标准误	回归系数	标准误
电脑与网络	34.64	45.579	23.91	47.153	51.95	48.990
班级规模	0.15	0.387	0.19	0.366	0.26	0.455
创造性活动	13.18	4.188**	10.88	3.810**	13.06	3.550***
自主权						
资源分配指数	0.10	7.588	0.99	6.451	10.11	8.840
学校课程和评估责任指数	−13.84	6.857*	−8.14	7.644	−11.80	6.582
问责制						
家长压力	9.73	9.897	9.54	8.457	7.33	8.215
成绩跟踪	−3.32	9.856	−9.86	8.855	−7.54	9.389
氛围						
学生相关因素	4.30	2.976	4.29	2.176	3.68	2.798
教师相关因素	−5.66	4.123	−4.96	3.120	−5.40	3.721
领导力						
沟通领导力	−9.02	7.741	−3.69	6.088	−7.09	5.430
教学领导力	−0.72	7.643	−2.17	7.424	−2.81	6.990
专业发展领导力	−3.01	5.491	−5.06	5.236	−0.66	5.292
教师参与管理	5.99	8.443	5.31	7.173	2.10	7.164
N	2190		2190		2190	
$\mathbf{R}^2$	0.349		0.368		0.343	

注：见附表 B 变量描述，所有模型都控制了个人和家庭背景特点以及年级层次的固有效应。* $p<0.05$，** $p<0.01$，*** $p<0.001$。

（来源：OECD 2012 数据，PISA 2012 数据库（http://pisa2012.acer.edu.au/）。）

普通高中

对学校资源的测量中，学校教育资源的质量与普通高中学生的阅读成绩有显著的正相关（见表 7.8）。与之前的发现一致，示范或实验中学的班级规模通常要比一般中学的大，与之相应的是，在控制了学生个人和家庭背景特点后，普通中学的班级每增加一个学生，数学和阅读成绩就增加 1.5 分。在学校领导力的四个测量维度中，教师参与学校管理的程度与数学和阅读素养呈显著正相关。

表 7.8 学校特征与普通高中学生的数学、科学和阅读素养相关性评价

PISA 变量	数学		阅读		科学	
	回归系数	标准误	回归系数	标准误	回归系数	标准误
组织，竞争与政策						
公立学校	18.99	30.902	2.29	24.317	10.75	28.403
竞争	11.52	19.660	22.04	14.438	10.08	14.761
学业成绩	1.63	12.044	5.53	9.225	6.36	11.155
数学课堂分组	−37.59	10.819***				
综合中学	−31.88	13.880*	−34.02	8.429***	−23.30	8.910*
教师						
生师比	1.58	1.266	1.94	1.336	0.84	1.368
持高校文凭的教师比例	67.55	156.502	105.35	142.942	122.46	192.002
教师精神面貌	4.62	6.063	2.31	4.616	4.76	5.024
教师短缺	1.46	9.339	5.69	6.187	13.22	9.939
资源						
学校教育资源质量	4.80	6.134	10.34	4.586*	3.99	5.450
基础设施	2.23	5.720	−4.16	4.417	2.73	4.480
电脑与网络	35.98	54.906	39.21	55.913	42.62	58.661
班级规模	1.51	0.752*	1.56	0.581**	0.44	0.819
创造性活动	13.70	7.936	5.60	5.280	7.74	6.038
自主权						
资源分配指数	15.38	12.577	5.69	10.328	7.16	10.809
学校课程与评估责任指数	−7.24	11.760	−4.74	8.418	−5.66	8.502
问责制						
家长压力	12.15	10.180	13.02	7.868	2.17	8.867

续表

PISA 变量	数学		阅读		科学	
	回归系数	标准误	回归系数	标准误	回归系数	标准误
成绩跟踪	10.74	9.858	−0.56	7.816	5.78	8.086
氛围						
学生相关因素	2.33	4.479	−1.17	3.456	0.22	3.307
教师相关因素	−2.58	5.623	0.62	4.523	−0.71	4.908
领导力						
沟通领导力	−5.69	9.102	−0.52	7.573	−6.79	7.589
教学领导力	4.03	7.428	3.67	6.067	4.27	6.196
专业发展领导力	−11.82	9.151	−7.12	7.612	−5.92	7.151
教师参与管理	21.34	8.198*	15.08	6.772*	6.43	7.871
N	1632		1632		1632	
$\mathbf{R}^2$	0.227		0.215		0.176	

注：见附表 B 变量描述，所有模型都控制了个人和家庭背景特点以及年级固有效应。* $p<0.05$，** $p<0.01$，*** $p<0.001$。

（来源：OECD 2012 数据，PISA 2012 数据库（http://pisa2012.acer.edu.au/）。）

在控制了个人和其他学校的特点之后，来自综合中学的学生在这三个领域的成绩要比普通中学的学生差得多。此外，数学课堂上按学生的能力分组也与中学生的较差成绩有关。

职业高中

控制了个人和家庭背景因素后，职业高中学生的阅读成绩似乎与学校层面的特征没有明显的相关性（见表 7.9）。一方面，数学成绩与学校对家长的问责有关：有来自家长压力的学校平均分数要高 41 分。另一方面，根据数学分数较低的职业学校的报告，学生相关因素对学校风气的影响更显著。

表 7.9　学校特点与职业高中学生的数学、阅读和科学素养相关性评估

PISA 变量	数学		阅读		科学	
	回归系数	标准误	回归系数	标准误	回归系数	标准误
个人与家庭特点						
女性	−17.10	5.186**	20.60	4.875**	−13.83	4.995**

续表

PISA 变量	数学		阅读		科学	
	回归系数	标准误	回归系数	标准误	回归系数	标准误
财富	−12.17	4.016**	−6.69	3.400	−9.53	3.508**
家庭教育资源	6.06	3.220	5.57	2.222*	5.29	2.329*
文化财富	5.13	3.061	3.69	2.394	7.73	2.472**
父母教育程度	1.95	0.831*	1.98	0.726**	1.84	0.636**
学前教育	28.33	7.672***	21.86	5.478***	16.30	5.975**
组织、竞争与政策						
公立学校	−67.85	56.197	12.79	40.016	−0.32	36.582
竞争	−37.81	33.852	−9.39	26.961	30.28	28.534
学业成绩	−0.51	18.558	5.29	12.087	4.17	15.045
数学课堂分组	−7.20	29.901				
教师						
生师比	1.13	0.800	0.98	0.580	0.82	0.704
持高校文凭的教师比例	159.09	116.643	14.65	106.227	59.53	89.438
教师精神面貌	0.21	4.696	5.01	4.668	4.54	4.411
教师短缺	19.37	13.152	11.71	11.603	20.03	11.047
资源						
学校教育资源质量	1.95	4.251	3.53	4.123	−0.44	4.118
基础设施	1.68	4.743	−1.61	3.710	8.81	4.263*
电脑与网络	13.07	48.016	7.32	27.565	4.75	26.475
班级规模	−0.05	1.362	0.79	0.696	1.87	0.930*
创造性活动	6.39	10.015	4.83	8.278	17.34	6.748*
自主权						
资源分配指数	16.53	10.885	3.17	7.573	−4.68	7.341
学校课程与评估责任指数	2.53	4.756	−3.62	4.366	−6.86	4.783

续表

PISA 变量	数学		阅读		科学	
	回归系数	标准误	回归系数	标准误	回归系数	标准误
问责制						
家长压力	41.82	18.154*	4.69	15.448	7.85	11.951
成绩跟踪	−5.05	9.330	7.12	7.186	0.68	6.799
氛围						
学生相关因素	−14.71	7.046*	−2.90	6.834	−0.63	7.340
教师相关因素	7.12	5.260	−0.79	4.414	−3.89	4.822
领导力						
沟通领导力	−14.10	9.693	2.51	7.646	−5.14	8.032
教学领导力	13.78	18.216	14.17	13.496	5.80	12.774
专业发展领导力	8.43	13.505	−4.49	9.420	13.76	8.678
教师参与管理	5.95	9.848	1.89	6.245	−10.48	7.180
N	1070		1070		1070	
$\mathbf{R}^2$	0.156		0.166		0.155	

注:见附表 B,变量描述,所有模型控制了个人与家庭背景特点以及年级固定效应。* $p<0.05$,** $p<0.01$,*** $p<0.001$。

(来源:OECD 2012 数据, PISA 2012 数据库(http://pisa2012.acer.edu.au/)。)

科学成绩与学校资源的几项指标呈显著的正相关,包括基础设施的质量、班级规模以及职业高中课外创造性活动。

个人和家庭背景特征

为揭示个人和家庭背景特点的相关性,学校固定效应模型被用来评估学生成绩(见表 7.10)[2]。我们发现在所有领域中家庭背景特征和学生成绩有着非常显著的相关性。

表 7.10 控制学校固定效应后个人和家庭背景特点与数学、阅读与科学素养相关性评估

PISA 变量	数学		阅读		科学	
	回归系数	标准误	回归系数	标准误	回归系数	标准误
女性	−17.89	2.268***	13.27	1.650***	−15.53	2.101***
财富	−6.96	1.664***	−5.49	1.633**	−5.87	1.417***
家庭教育资源	4.62	1.560**	4.19	1.238**	4.95	1.301***

续表

PISA 变量	数学		阅读		科学	
	回归系数	标准误	回归系数	标准误	回归系数	标准误
文化财富	6.11	1.630***	4.94	1.222***	8.40	1.250***
家长教育程度	1.40	0.426**	1.21	0.367**	1.44	0.374***
学前教育	31.12	3.879***	21.30	3.265***	16.36	3.151***
N	4892		4892		4892	
$\mathbf{R}^2$	0.54		0.54		0.54	

注：见附表 A 变量描述，所有模型控制了固定效应和年级固有效应。* $p<0.05$，** $p<0.01$，*** $p<0.001$。

（来源：OECD 2012 数据，PISA 2012 数据库（http://pisa2012.acer.edu.au/）。）

与男孩相比，女孩在数学和科学上的成绩差一些，但是阅读能力更强。物质财富与成绩呈负相关。相比之下，家庭教育资源、文化财富与更好的成绩表现相关。其他经合组织国家也发现了类似的结果，这表明：一方面，家庭财富可以提供给孩子更多的教育和文化资源，从而提高成绩；但另一方面，也削弱了学生学习的积极性，减少了花在与教育有关活动上的闲暇时间（Spiezia，2011）。家长受教育水平也与孩子的学习成绩表现呈正相关。最后，参加过至少一年学前教育的学生在所有领域中都有显著的优势。这种差别即使在控制了性别和家庭背景因素的条件下，科学可以相差 16 分，而数学甚至相差 31 分。

问题解决的技能

在 2012 年 PISA 所有问题解决技能的测试中，上海排名第六。如图 7.4 所示，新加坡、韩国、日本，以及紧随其后的中国澳门特别行政区、中国香港特别行政区和中国上海在问题解决一项上比其他参加评估的国家和经济体得分都高。数据分析显示，中国香港特别行政区、日本、韩国、中国澳门特别行政区、中国上海、新加坡和中国台湾的学生对要求理解、规划和体现新知识的问题有更强的解决能力。而巴西、爱尔兰、韩国和美国的学生表现最好的在于解决互动性问题；比起一开始就给出全部信息的静态问题，互动性问题要求学生首先去发现问题解决所需的信息（经合组织，2014）。

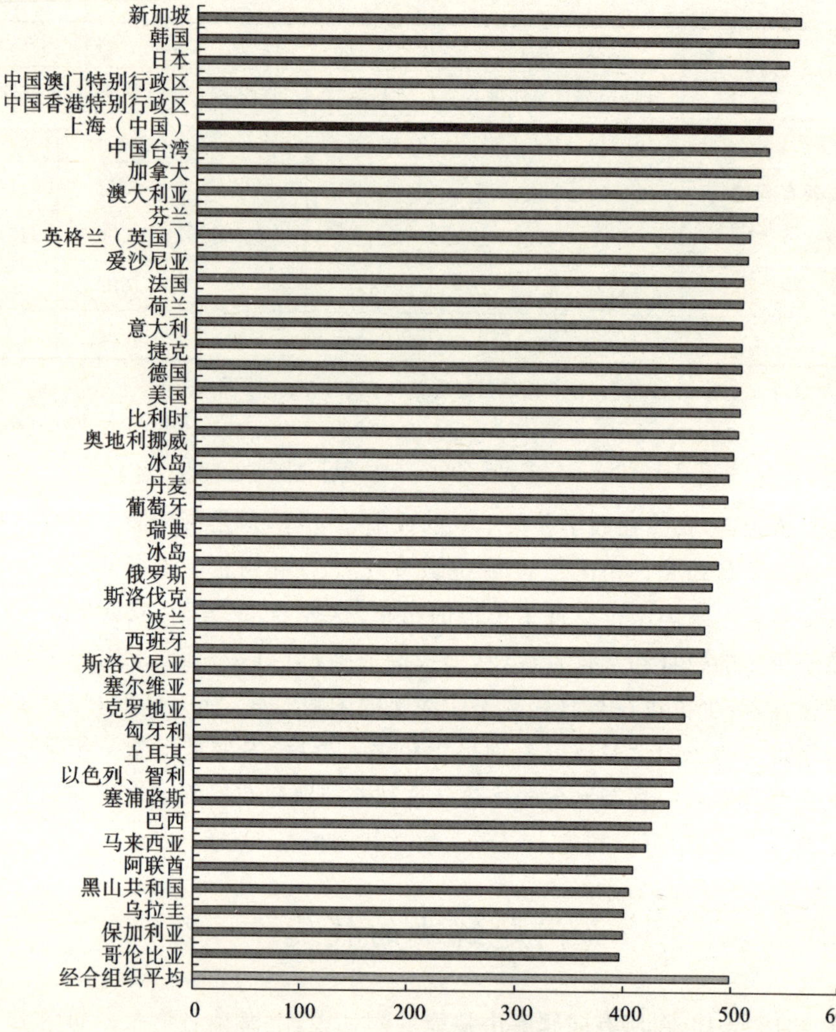

图 7.4　PISA 2012 解决问题平均分数

（来源：OECD 2012 数据，PISA 2012 数据库（http://pisa2012.acer.edu.au/）；OECD 2014。）

利用学校特点评估问题解决能力

在控制了学生和家庭背景因素的情况下，同样的这套学校层面的特点被用来评估不同学校的学生解决问题的能力（见表 7.11）。

表 7.11　使用学校特点估算学生解决问题的技能

PISA 变量	初中				普通高中				职业高中			
	模型 1		模型 2		模型 1		模型 2		模型 1		模型 2	
	回归系数	标准误	回归系数	标准误	回归系数	标准误	回归系数	标准误	回归系数	标准误	回归系数	标准误
个人与家庭背景												
女人	−34.73	3.101***	−34.83	3.229***	−36.48	3.052***	−28.86	3.371***	−29.34	5.236***	−30.51	4.052***
财富	3.59	2.585	7.64	1.554***	2.24	2.774	6.02	2.028**	−2.56	3.719	5.38	1.961**
家庭教育资源	9.38	2.331***	2.08	1.434	4.41	2.149*	2.49	1.581	8.43	2.599**	3.20	1.394*
文化财富	1.63	2.287	−6.48	1.481***	−6.33	2.757*	−6.66	1.732***	−3.30	2.659	−6.59	1.493***
父母教育程度	2.05	0.784*	0.29	0.403	3.05	0.887**	0.51	0.711	2.00	0.705**	0.29	0.516
学前教育	30.56	5.182***	0.64	3.268	27.59	6.839***	11.99	4.790*	31.42	6.494***	9.20	4.385*
组织，竞争与政策												
公立学校	−34.43	19.102	23.39	13.083	11.86	29.761	1.45	22.571	−103.47	34.691**	−53.80	41.634
竞争	−2.38	10.367	1.21	11.182	31.84	14.114*	17.22	10.892	−32.46	18.600	−0.44	27.297
成绩	−2.56	11.124	−8.82	10.201	3.05	14.629	−3.18	11.955	18.89	13.366	13.14	19.956
综合中学	−4.40	12.634	7.92	12.276	−23.69	13.202	3.30	10.237				
教师												
生师比	0.04	0.961	1.00	0.851	3.13	1.495*	1.43	1.733	−1.35	0.858	−2.24	1.047*

续表

PISA 变量	初中				普通高中				职业高中			
	模型 1		模型 2		模型 1		模型 2		模型 1		模型 2	
	回归系数	标准误	回归系数	标准误	回归系数	标准误	回归系数	标准误	回归系数	标准误	回归系数	标准误
持高校文凭的教师比例	−36.62	42.847	−24.82	37.025	167.40	152.501	130.03	103.232	−34.89	92.405	−173.50	97.933
教师精神面貌	6.94	5.178	3.46	4.176	9.01	6.041	5.83	4.681	−3.53	6.864	−5.15	5.862
教师短缺	0.00	0.002	0.00	0.002	0.23	4.057	1.85	4.459	−5.00	9.602	−6.79	8.049
资源												
学校教育资源质量	8.04	4.305	7.84	3.294*	2.90	5.788	−1.36	5.782	−10.45	9.136	−11.51	8.133
基础设施	−5.67	5.176	−5.90	3.528	9.07	7.291	8.83	6.102	−8.42	5.451	−8.02	5.582
电脑与网络	54.06	51.119	31.38	52.898	19.86	41.137	−19.53	63.312	−1.81	35.836	−20.23	30.225
班级规模	0.49	0.501	0.40	0.513	0.33	1.072	−0.88	0.876	−1.26	0.955	−1.38	0.656*
创造性活动	8.01	4.433	−1.38	3.745	7.10	9.612	0.50	6.127	13.22	9.819	13.54	13.641
自主性												
资源分配指数	9.15	8.490	11.03	6.268	11.34	11.146	3.67	7.915	1.58	7.352	−9.42	6.621
课程与评估学校	−1.52	8.247	6.72	4.264	−10.34	10.693	−3.94	6.416	27.07	8.400**	26.90	8.146**
责任指数												
问责制												

续表

PISA 变量	初中				普通高中				职业高中			
	模型 1		模型 2		模型 1		模型 2		模型 1		模型 2	
	回归系数	标准误	回归系数	标准误	回归系数	标准误	回归系数	标准误	回归系数	标准误	回归系数	标准误
家长压力	3.26	10.428	−5.56	7.921	17.60	10.149	4.65	11.810	35.78	17.350*	5.34	13.622
成绩跟踪	−4.17	10.580	−1.12	10.931	−2.28	7.721	−7.28	7.668	−23.57	10.338*	−26.30	10.103*
氛围												
学生相关因素	4.99	4.971	1.11	4.155	3.74	4.813	2.20	3.102	−7.80	6.678	−0.08	7.195
教师相关因素	−12.30	6.463	−6.70	5.766	−6.59	5.936	−4.38	3.771	14.71	7.613	11.22	8.100
领导力												
沟通领导力	1.38	7.918	6.27	8.485	−0.02	10.276	4.29	7.516	13.37	11.561	17.33	12.987
教学领导力	12.01	6.480	13.63	6.198*	−10.02	7.642	−12.85	7.655	−34.37	16.177	−54.36	12.138***
专业发展领导力	−4.89	6.775	−1.63	6.399	−5.19	7.643	3.74	5.396	21.60	10.871	26.43	10.689*
教师参与管理	−2.67	6.366	−7.08	6.265	14.28	10.939	−0.23	9.165	1.74	10.118	−0.97	7.687
主要领域												
数学			0.52	0.047***			0.48	0.047***			0.49	0.040***
阅读			0.40	0.067***			0.36	0.067***			0.41	0.076***
科学			−0.09	0.055			−0.01	0.058			−0.07	0.064
N	2224		2224		1632		1632		1070		1070	

注：见附表 B 变量描述，所有模型包括年级固定效应。* $p<0.05$，** $p<0.01$，*** $p<0.001$。

（来源：OECD 2012 数据，PISA 2012 数据库（http://pisa2012.acer.edu.au/）。）

2012 年 PISA 解决问题的评估旨在尽可能地关注认知过程和一般技能，而不是具体的知识(经合组织，2014)。但是，因为同样的认知过程也可用于数学、科学和阅读，解决问题的得分与这三个领域的得分呈正相关。对上海学生来说，“解决问题”的分值中有高达 71%为测量技能的得分，在三个常规领域中至少一个同样得到了测量。解决 64.8%的问题得分的差异与一个以上的常规领域有关，解决 5.8%的问题得分的差异只与数学有关(经合组织，2014)。因为解决问题的能力与数学、阅读和科学的成绩高度相关，而成绩又与学校层面的特点有关，考虑到遗漏变量偏差(omitted variable bias)，我们在整个模型中控制了数学、阅读与科学分数来评估解决问题的分数。

对于初中学生，在控制了数学、阅读和科学分数之后，解决问题的能力与学校教育资源质量有显著的正相关，同时也与校长教学领导力呈正相关；衡量这种领导力依据的是校长是否频繁地基于最新教育研究推动教学实践，表扬教师，吸引教师关注学生发展等维度的测量。

对于普通高中学生，尽管模型 1 中生师比和来自其他学校的竞争似乎与较高的问题解决得分相关，但是这种关系似乎部分地能用学生在数学、阅读和科学上的成绩来解释。我们知道，一旦这三个常规领域的成绩在模型 2 中受控制时，上述相关系数就变小，变得不再有显著的统计学意义。

最有意思的结果是在职业高中学生中发现的。在控制了学生和家庭背景因素之后，公立学校学生解决问题的技能得分比私立学校低 103 分。这个差距似乎部分地能用数学、阅读和科学的成绩来解释，因为一旦把这三个领域的差别算进去，相关的程度即减半，相关性也不显著。继续控制数学、阅读和科学成绩，生师比和班级规模与问题解决的得分则呈负相关。

职业学校的课程和评估政策由校委会、校长或教师决定，而不是由国家、地区或地方教育当局决定。即使控制了数学、阅读和科学素养因素，这类学校学生的问题解决技能的得分依然较高。

在这两种问责制测量中，面临着学生的父母压力的职业学校在解决问题上得分更高，但一旦数学、阅读和科学素养被考虑进去，差异就消失了。相比之下，学业表现受教育部门跟踪监督的职业学校在解决问题上的得分较低，即使把数学、阅读和科学素养都算进去，这种差异仍然存在。

在学校领导力的各维度中，解决问题能力的得分更高的职业高中，校长们更多地关注制度的完善和专业的发展，而较少作为教学领导去促进教学实践、表扬老师并要求教师关注学生发展。

在学生和家庭背景特点中，各种学程的女孩在解决问题方面的得分都低于男孩。即使把数学、阅读和科学算进去，这种差距的大小也没有多少变化。这一发现说明女孩在解决问题能力上的劣势，这种情况与之前发现的女孩在数学和科学方面的弱势无关。

在调整了三个主要领域的成绩后，家庭财富只对解决问题有显著正相关。同样，我们在控制数学、阅读和科学分数之后，家庭文化财产与解决问题的能力呈显著负相关。在计入数学、阅读和科学素养后，家庭教育资源与解决问题能力的正相关关系变得不再显著，但职高的学生除外。有过至少一年学前教育的学生在所有三类学程中解决问题能力的方面都得分较高，但是一旦把数学、阅读和科学素养的差别算进去，这种优势就消失了。

解决问题的性质与过程：解决不同性质、过程和学程问题的技能比较

本节将通过问题情景的性质和问题解决的不同过程，根据2012PISA测量结果（文本框7.2）深入探讨解决问题的技能。

文本框7.2　问题解决的性质和过程的定义与内涵

PISA 2012将解决问题的能力定义为：在问题没有明显的解决办法的情况下，个人进行认知加工以增强理解和解决问题情景的能力。它包括参与这种活动以便发挥自己的潜能进而成为一个有创造力和思考力的公民的意愿。

1. 问题情景的性质

（1）静态问题　从一开始就向学生透露足以解决问题的信息，这些是学校常见的典型的教科书问题。

（2）互动问题　互动是解决问题的一个必要部分。在大多数情况下都是在校外才会遇到的问题。要解决这些问题，只靠静态分析问题的技能是不够的；学生必须有好奇心，能默许怀疑和不确定性，敢于用直觉（“预感和感觉”）开创性地解决问题。

2. 问题解决的过程

知识获取型任务要求学生能在心理表征（mental representation）上生成和处理信息，这是一个从具体到抽象，从信息转化知识的过程。在这些任务上表现出色的学生善于生成新知识，他们学得很快，具有强烈的好奇心（会质疑自己的知识，挑战假设），生成和尝试替代方案，并擅长处理抽象信息。

（1）探索和理解　涉及通过观察来探索问题情境，与之互动，搜寻信息，发现困难和障碍；并在与问题情景互动过程中展现对既定和已知信息的理解。

（2）表现与形成　涉及使用图、表、符号或文字表现问题情境的各个方面；对问题中的相关因素及因素间的相互关系形成假设，从而建立清晰明了的关于问题情境的心理表征。

知识利用型任务要求学生解决具体问题。这是一个从抽象到具体，从知识到行动的活动过程。这类任务主要的认知需求是“计划和执行”，擅长完成这种任务的学生善于运用所学知识，他们的特点是受目标驱动和有毅力。

（3）计划和执行　涉及制定解决问题的计划或策略及其实施。它包括明确总体目标，并设置子目标。

（4）监测和反馈　包括监测进展、反馈信息、反思解决方法、为解决问题提供的信息或采取的策略。它包括获得知识与运用知识两个方面。

（来源：OECD，2014。）

首先，对每一特定类型问题的解决率[3]进行比较。然后按同样这类学校的特点，以逻辑回归模型预测问题的解决率。

普通高中学生无论对静态问题还是互动问题，解决率都是最高的（见图7.5）。

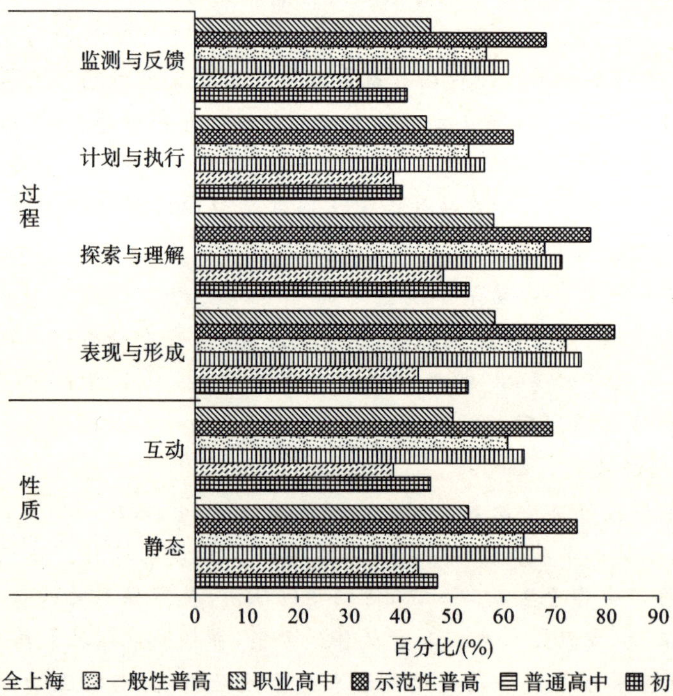

图 7.5　测量不同学程问题解决的不同性质和过程的 PISA 测验题的解决率

（来源：OECD 2012 数据，PISA 2012 数据库（http://pisa2012.acer.edu.au/）。）

职业学校的学生在互动问题上的解决率明显低于普通高中，甚至比初中学生还低。在普通高中学生中，示范和实验学校的学生两种问题的解决率明显高于一般学校学生。

普通高中的学生在四类不同解决过程的问题的测试中都有较高的得分，而职业高中的学生解决率最低。这一差距（达 32 个百分点）在"表现与形成"项上尤为明显。示范高中学生比一般高中学生在这四类问题上的解决率更高，这一优势尤其表现在"监测和反馈"一项上（差距达到 12 个百分点）。

不同性质和过程的成功概率评估

问题的性质：静态与互动

PISA 测试学生解决两种不同性质的问题：静态问题是典型的"教科书"问题，可以通过使用一开始就披露的信息来解决；而动态问题通常需要学生发现解决问题所必需的信息。

尽管给出的问题有其独特的性质，但回归模型似乎显示出与学校层面特点有相似关联（见表 7.12）。综合中学的学生在两种问题的解决上也处于劣势。

表 7.12　不同性质问题的成功解决概率评估

PISA 变量	静态		互动	
	回归系数	标准误	回归系数	标准误
个人与家庭背景				
女性	0.71	0.046***	0.73	0.048***
财富	1.07	0.064	1.06	0.049
家庭教育资源	1.01	0.047	1.09	0.043*
文化财富	1.11	0.046*	0.97	0.037
父母教育程度	1.00	0.015	1.02	0.012
学前教育	1.15	0.136	1.37	0.160*
组织，竞争与政策				
公立学校	0.66	0.126*	0.66	0.115
竞争	0.99	0.093	0.98	0.110
学业成绩	1.13	0.111	1.02	0.085
综合中学	0.78	0.066**	0.81	0.073*
教师				
生师比	1.00	0.008	1.00	0.007

续表

PISA 变量	静　态		互　动	
	回归系数	标准误	回归系数	标准误
持高校文凭的教师比例	0.90	0.503	1.20	0.624
教师精神面貌	1.11	0.053*	1.01	0.035
教师短缺	1.00	0.000	1.00	0.000
资源				
学校教育资源质量	1.01	0.056	0.99	0.034
基础设施	0.96	0.049	1.06	0.042
电脑与网络	1.14	0.333	1.35	0.383
班级规模	1.01	0.004*	1.00	0.004
创造性活动	1.17	0.060**	1.11	0.049*
自主性				
资源分配指数	1.01	0.069	1.08	0.058
课程与评估学校担责指数	0.96	0.049	1.00	0.046
问责制				
家长压力	1.06	0.111	1.10	0.085
成绩跟踪	0.99	0.075	0.95	0.073
氛围				
学生相关因素	1.06	0.038	1.08	0.034*
教师相关因素	0.91	0.036*	0.89	0.033**
领导力				
沟通领导力	0.90	0.060	1.05	0.058
教学领导力	0.98	0.066	1.03	0.057
专业发展领导力	0.94	0.064	0.94	0.050
教师参与管理	1.04	0.069	1.02	0.054
学程				
普高	1.93	0.230***	1.81	0.194
职高	0.82	0.119	0.74	0.089*
N	1,145		1,145	

注：见附表 B 变量描述。* $p<0.05$，** $p<0.01$，*** $p<0.001$。

（来源：OECD 2012 数据，PISA 2012 数据库（http://pisa2012.acer.edu.au/）。）

教师的素质与这两种问题的解决似乎也没有显著的关系。但是，有一个例外：教师的精神面貌好，学生在解决静态问题上的成功概率也略高一些。

在学校资源方面，一个学校课外活动的创造性越多，学生成功解决两种问题的可能性越大。此外，班级规模较大与解决静态问题的成功概率较为高些有关系。

在互动问题上成绩更好的学校也更多地反映了学生相关因素破坏学校风气，这与前面的描述——成绩越好的学校的校长们越意识到学生的破坏性行为——相一致。影响学校氛围的教师相关因素与学生成功解决两种问题的较低概率有关系。

在背景特点中，对无论哪种性质的问题，女孩成功解决的可能性远远低于男孩。家庭教育资源与解决互动问题的更高概率有关；而文化财产则与解决静态问题的更高概率相关。参加过至少一年学前教育的学生比没有参加过的学生更有可能解决互动问题。

考虑了学生和学校特点后，入读普通高中的学生解决静态问题的概率几乎是仍就读初中的学生的一倍，这一差距在统计上颇为显著。与之相比，职业高中的学生平均解决互动问题的可能性比初中学生差得多，这一差别也呈现显著统计学意义。

问题解决的过程

PISA 问题解决测试的各个测试题都有对知识获取型或知识运用型任务的区分，各自涉及两个问题解决的过程。知识获取型任务对应于“探索与理解”和“表现与形成”过程，要求学生通过处理和操控信息生成新的、抽象的知识。与之相反，知识运用型任务，对应于“计划和执行”，要求学生使用抽象知识解决具体问题。此外，涉及“监控和反馈”的测试题则测试学生对知识的获取和运用两个方面。

在知识获取型任务中，在控制了背景特点和不同学程的固定效应之后，涉及“表现与形成”的问题解决成功概率似乎与学校特点没有太大关系（见表 7.13）。在需要“探索和理解”过程的测试题中，一些学校层面的特点与较高的成功率相关：入学时学校有学业标准要求的（考试成绩或是原先学校的推荐）学生更可能成功；开展创造性课外活动的学校学生成功概率更高。

表 7.13　不同过程的问题解决成功概率评估

PISA 变量	表现与制定方案		探索与理解		计划与执行		监管与反馈	
	回归系数	标准误	回归系数	标准误	回归系数	标准误	回归系数	标准误
个人与家庭背景								
女性	0.54	0.047***	0.84	0.069*	0.75	0.065**	0.83	0.075*
财富	1.10	0.077	1.09	0.063	1.04	0.061	1.02	0.069
家庭教育资源	1.09	0.056	1.04	0.051	1.07	0.054	0.99	0.060
文化财富	1.05	0.058	1.02	0.056	0.97	0.038	1.12	0.066
父母教育程度	1.04	0.019*	0.99	0.015	1.01	0.014	1.02	0.018
学前教育	1.17	0.195	1.27	0.183	1.35	0.173*	1.53	0.218**
组织,竞争与政策								
公立学校	0.76	0.166	0.61	0.163	0.72	0.093*	0.59	0.119*
竞争	0.92	0.162	0.96	0.113	1.16	0.094	0.80	0.096
学业成绩	0.98	0.118	1.27	0.135*	0.94	0.072	1.06	0.116
综合中学	0.79	0.106	0.87	0.084	0.81	0.070*	0.72	0.082**
教师								
生师比	1.01	0.012	0.99	0.009	1.00	0.008	1.00	0.009
持高校文凭的教师比例	3.11	2.223	0.79	0.490	0.71	0.285	0.76	0.486
教师精神面貌	1.04	0.057	1.07	0.055	1.05	0.038	0.99	0.054
教师短缺	1.00	0.000	1.00	0.000	1.00	0.000*	1.00	0.000**
资源								
学校教育资源质量	0.98	0.052	1.05	0.049	0.98	0.039	0.93	0.046
基础设施	1.01	0.059	0.97	0.056	1.08	0.045	1.06	0.056
电脑与网络	1.39	0.563	1.49	0.432	1.10	0.254	1.58	0.495

续表

PISA 变量	表现与制定方案		探索与理解		计划与执行		监管与反馈	
	回归系数	标准误	回归系数	标准误	回归系数	标准误	回归系数	标准误
班级规模	1.00	0.007	1.01	0.005	1.00	0.003	1.00	0.004
创造性活动	1.11	0.072	1.17	0.067*	1.10	0.047*	1.18	0.065**
自主性								
资源分配指数	1.21	0.143	1.02	0.073	1.00	0.041	1.08	0.084
课程与评估学校责任指数	0.92	0.070	1.04	0.056	0.99	0.043	0.97	0.068
问责制								
家长压力	1.15	0.131	1.14	0.124	0.93	0.068	1.30	0.145*
成绩跟踪	0.99	0.108	0.89	0.090	1.00	0.065	0.99	0.091
氛围								
学生相关因素	1.09	0.056	1.10	0.045*	1.07	0.029*	1.02	0.046
教师相关因素	0.90	0.053	0.88	0.044*	0.90	0.029**	0.97	0.052
领导力								
沟通领导力	1.01	0.098	0.99	0.064	0.99	0.047	1.03	0.100
教学领导力	1.08	0.094	0.94	0.075	0.97	0.055	1.19	0.100*
专业发展领导力	0.89	0.078	1.01	0.064	0.99	0.050	0.86	0.063*
教师参与管理	1.02	0.084	0.99	0.067	1.03	0.042	1.01	0.091
项目								
普高	2.28	0.375***	1.67	0.219***	1.78	0.183***	1.96	0.251***
职高	0.72	0.149	0.77	0.103	0.94	0.119	0.64	0.104**
N	1145		1145		1145		1145	

注：见附表 B 变量描述。* $p<0.05$，** $p<0.01$，*** $p<0.001$。

（来源：OECD 2012 数据，PISA 2012 数据库（http://pisa2012.acer.edu.au/）。）

与解决互动问题的发现相似，学生相关因素影响学校氛围的学校，其学生在"探索和理解"及"计划和执行"任务中成功率更高，而教师相关因素产生这种影响的学校，则与同类型问题的较低解决率相关。创造性的课外活动和学校氛围测量，也显示出与知识应用型任务中的"计划和执行"类问题的成功率有着类似的关系。此外，公立学校的学生在完成知识运用型任务的"计划和执行"类问题时不如私立学校的学生。

"监管和反馈"过程兼有知识获取和知识运用的任务，公立学校学生比私立学校学生获得满分的概率低了41%。家长压力和学校的创造性活动都与解决"监管和反馈"问题呈正相关。在对学校领导力的测量中，校长的教学领导力表现出与解决"监管和反馈"问题的成功率呈正相关。然而，促进教学改进和专业发展是通过校长主动讨论、关注和帮助老师解决课堂问题的频度来测量的，结果显示，这一项与学生解决"监管和反馈"问题的成功率呈负相关。

从个人特点看，女孩在所有四类问题解决过程中的成功率都比男孩低，尤其在解决知识运用型问题中的"表现和形成"一类问题上差距特别大。有过至少一年学前教育的学生在解决"规划和执行"问题和"监管和反馈"问题上比没有学前教育经历的学生明显要好得多。家庭背景特征似乎与任何一类问题解决过程的成功率都没有显著的关系，只有家长受教育水平与解决"表现与形成"问题的较高成功率有相关性。

小　结

用PISA得分来查看学生的学习成绩及其与学校及个人层面特点的相关性，可以为我们揭示上海的教育政策及其在学校的实施如何影响学生的学习结果。

数学、阅读和科学素养

上海学生在不同学程上的成绩有很大的差异。特别是职高学生，其三大领域的测试（数学、阅读和科学）平均分不仅低于普通高中学生，甚至低于初中学生。示范高中和实验高中在三大领域的测试表现最好。必须强调：不同学程之间的差别，部分归因于通过中考成绩对学生进行普通高中还是职业高中的入学分流过程。

个人和家庭背景特点在不同学程之间有显著差别。与职高学生相比，普通高中学生来自比较富有的家庭，有更多的家庭教育资源和文化财产，其家长受教育程度更高。这些学生一般都曾有过一年以上的学前教育经历。而普通高中里的示范和实验高中学生的家庭经济条件、父母受教育程度和家庭教育资源比一般普通高中学生还要高。

在学校层面，普通高中与职业高中的主要区别在于教学资源：普通高中的生师比高得多，有高等学历的教师比例也高得多。此外，几乎所有普通高中都有入学分数要求，而职业高中只有60%有入学的成绩要求。示范高中和实验高中与一般普通高中相比，学校层面特点的区别不大，只是生师比更高，班级规模更大。

学校层面的特点与学生的数学、阅读和科学素养有什么关系呢？我们对每一学程（初中、普通高中和职业高中）中的学校特点和学生成绩表现的相关性都做了调查。在初中生中，学校有越多的创造性课外活动，学生在三个领域的表现就越好。与2009年的发现相一致，民办初中的学生（占全部初中生的10%）在数学和阅读上比公立初中表现更好。然而，课程和评价自主权更大的初中学校在数学上的表现反而更差一些。

在高中学生中，教师参与学校管理与更高的数学和阅读分数显著相关。学校教育资源质量也和学生阅读成绩正相关。2009年PISA数据显示，在表现好的学校里，教师参与学校治理的程度和学校教育资源水平都更高。此外，数学课堂中的能力分组与高中生数学得分较低有关。最后，综合中学的学生在三大领域的表现都明显差于非综合中学的学生。

在职业高中学生里，与2009年的发现一样，在数学上表现越好的学校，学生相关因素对学校氛围的影响力就越低。有家长压力的学校比没有的学校数学平均分数更高。职高学生的科学素养与学校的物质基础设施、班级规模和创造性的课外活动有显著的正相关。

此外，个人和家庭背景特点与不同学程之间的学生表现始终保持一致关系。女生在数学和科学上的表现明显比男生差，但是阅读好过男生，这一点与参加PISA的其他国家和经济体的发现一致。家庭教育资源、文化财产以及父母的教育程度与学生的素养呈正相关。与之相反，家庭财富与成绩表现呈负相关。最后，受过至少一年学前教育的学生在三大领域都会有更好的表现。

问题解决

与数学、阅读和科学评价结果一样，在解决问题技能的测试结果方面，我们也对普高、职高和初中生进行了比较分析。模型中解决问题的技能由各种分数进行全面测量，还包括专门针对解决问题的性质（静态和互动）及过程（表现与形成、探索与理解、计划与执行、监管与反馈）的解决率。示范中学和实验中学的学生在整体解决问题的能力和具体解决问题的技能上都比一般普通中学的学生得分高。

首先，我们调查了学校特点与解决问题总分的关系如何。与其他测试领域一样，每个学程都以独立的回归模型来评估。

在计入数学、阅读和科学成绩的条件下，初中生解决问题的能力与学校教育资源质量以及校长的教学领导力有显著正相关。

对于普通高中的学生来说，如果学校有更高的生师比而且面临其他学校的竞争，那么学生在解决问题上往往表现得更好，尽管这种关系似乎也可以由数学、阅读和科学成绩的差异来解释。

在职业高中学生中，解决问题的能力与学校的许多因素相关。保持数学、科学和阅读成绩恒定的情况下，生师比较低、班级规模较小的职业学校的学生解决问题的得分较高。那些拥有更多课程设置和评估自主权而且没有教育当局追踪其学生学业情况的职业高中，往往表现出能更好地解决问题的能力。即使计入数学、阅读和科学测试的成绩，这种差别仍然存在。在学校领导力的各维度上，学生解决问题的成绩越好，学校校长越经常督促改进制度和发展专业，而越少展现教学领导力。私立职业中学的学生解决问题的技能明显高于公立学校的学生，但这个差距似乎可以由数学、阅读和科学的成绩来解释。同样，有来自家长压力的职业学校学生在解决问题上得分更高，但是把数学、阅读和科学成绩都算进去以后，这个差距不见了。

学校的特点也被用来预测解决具体类型问题的成功率。首先考察根据任务性质划分的问题。分析发现，静态和互动问题的解决率都与类似的学校特点有关。比如，公立学校的学生对这两类问题的解决成功率都比私立学校要低很多。创造性的课外活动越多，教师相关因素对学校氛围消极影响越少，学生解决问题的效率就会越高。一些学校的特点似乎与某种性质的问题解决率有着高度相关。比如，班级规模越大，学生解决静态问题的成功概率也稍高，但对互动式问题的影响不显著。

我们还研究了不同类型问题的解决过程对解决成功率的影响，发现创造性的课外活动与“探索与理解”、“计划与执行”、“监管与反馈”的问题解决成功率有着正相关。公立学校的学生在“计划和执行”和“监管与反馈”类问题解决过程中的表现不如私立学校的学生。在学校领导力的测量中，虽然校长的教学领导力表现出与“监管与反馈”问题解决的成功率呈正相关，但是促进制度改进和专业发展与这一类问题上的学生成功率呈负相关。

有趣的是，分析发现凡是较多报告称学生相关因素影响校园氛围的学校，其学生解决问题的能力比较强，尤其是对互动式问题，以及对“探索和理解”、“计划和执行”之类任务的问题解决能力较强。因为对学生相关因素的测量体现在校长报告中，所以对这一发现的解释要保持谨慎态度。这一发现也提示我们，在测试中表现更好的学校，其校长往往对学生的破坏性行为有更强的意识。同时也说明具有破坏性行为的学生，在认知技能的某些方面并不一定会表现得很糟。

在个体特征中，女孩解决问题的能力低于男孩，但是这与他们在数学和科学方面的劣势并没有什么关联。

在计入数学、阅读和科学素养的差异之后，解决问题的得分与家庭财富情况有显著的正相关，而与家庭文化财产呈负相关。家庭教育资源与解决问题能力的正相关部分可以归因于数学、阅读和科学素养的差异。

一些家庭背景特点也与学生对某种性质问题的解决能力有关。比如：家庭文化财产和解决静态问题的成功率有更大相关；家庭教育资源与解决互动问题的成功率有更大相关；父母受教育水平与更高的“表现和形成”过程的问题解决率呈正相关。

参加过至少一年学前教育的学生解决问题的得分更高，但这一优势似乎可由数学、阅读和科学素养的差异来解释。学前教育和更高的互动问题解决概率相关，同时也涉及“计划与执行”、“监管和反馈”问题的解决能力。

注　　释

[1] PISA 把公立学校定义为：受公共教育部门、政府机构，或由政府任命的或公共组织选举的管理委员会直接或间接管理的学校。而私立学校即指由非政府部门直接或间接管理的学校（比如，教堂、商会或其他私营机构）。

[2] 如前一节所示，在具体学程的回归模型中使用学校特征会得到相似或一致的结果，这表明个人和家庭特征的影响是很大的，无论是包括还是排除特定学校特征或限定某一特定学程的样本数。

[3] 学生已成功解决的(获得了满分)次级问题的比例。

参考资料

[1] OECD (Organisation for Economic Co-operation and Development). 2012.

PISA 2012 (database). OECD, Paris, http://pisa2012.acer.edu.au/.

——. 2013. *PISA 2012 Assessment and Analytical Framework: Mathematics, Reading, Science, Problem Solving and Financial Literacy*. Paris: OECD Publishing. http://dx.doi.org/10.1787/9789264190511-en.

——. 2014. *PISA 2012 Results: Creative Problem Solving: Students' Skills in TacklingReal-Life Problems*, Volume Ⅴ. Paris: OECD Publishing. http://dx.doi.org/10.1787/9789264208070-en.

[2] Spezia, Vincenzo. 2011. "Does Computer Use Increase Educational Achievements? Student-Level Evidence from PISA." *OECD Journal: Economic Studies* 7 (1): 1-22.

第八章　总结与讨论

引　言

本报告对上海基础教育的主要政策文献进行了梳理和分析(见附录A),为这些政策在学校层面及整个系统推行的程度提供了证据,也尽可能地反映了国际学生评估(PISA)所展示的学习成绩与这些政策执行的关系。本书以世界银行取得更好教育成果的系统方法(SABER)在各个主要领域的基准测量工具为框架,进行数据的收集和报告的组织。校本调查和其他现有数据和研究也被尽可能地广泛发掘,用以说明这些政策的实施及影响。最后,用2012年的PISA数据分析上海学生成绩的差异,考查学生、家庭和学校类型等变量与学生成绩差异的关系。此外,除了数学、阅读和科学素养,这份报告第一次分析了政策因素对解决问题能力的影响。

上海一个特别突出的表现就是它的政策与实施保持高度一致性。上海的教育政策实施得非常好,就和我们在其他系统里看到的一样,实地调查的结果与政策之间没有大的分歧。严格的监管制度保障了政府颁布的政策和计划得到高度服从和顺利实施。

不断趋向革新和进步使上海进一步走向卓越。本书不仅反思了当前的政策,还兼顾了许多领域的政策演变。显然,上海一直在坚持不懈地紧跟社会和经济发展的步伐更新着教育政策。自从在19世纪中国向世界开放、西方传教士在上海建立西式学校以来,上海就踏上了教育改革的征途。在过去的三十年里,特别是在"文化大革命"(1966—1976)结束后,中国政府已经进行了几轮的教育改革。到目前为止,三个主要的战略文件引领了教育改革的总体方向:①国务院1988年《关于教育体制改革的决定》;②国务院1999年《关于深化教育改革,全面推进素质教育的决定》;③国务院2010年《中国中长期教育改革与发展规划纲要》。上海紧跟中央政府的改革路线,全面推进了相应的教育改革。

本书涉及的政策领域包括教师、学校财政、学校自主权与问责制以及学校评估。分析的结论是,根据世界银行取得更好教育成果的系统方法的框架和评分标准(包括其隐含的标杆分析),上海几乎在每个领域都取得了“成熟”和“先进”的等级评分,只有“校委会在治理中的作用”和“学校问责制”两项被评为“新兴”等级。

上海明确形成了对教师和教师职业的期望。上海的教育部门发布了清晰的指导性文件供教师遵循,包括从一年级到十二年级各个年级、各个科目循序渐进的学习目标、课程设计、教与学材料和评价方法。《中华人民共和国教师法》规定了教师的一般职责和工作时间。在上海,教师的职责还包括教学之外的课外活动和专业发展。

教育系统力图吸引最优秀的人才进入教师行业。在上海,教师是一种社会地位不低且收入丰厚的职业,有一套行之有效的准入要求。工作环境,比如基础设施和生师比,都很有吸引力,而且还有明确的专业发展机制。大多数教师岗位申请人都毕业于高质量、有系统化职前训练的师范院校。此外,还有普遍的在职教师培训项目与职业发展和收入激励机制相挂钩。专业发展活动往往是合作型的,并且特别注意教学改进。学校领导根据对每位教师的评价结果负责制定有针对性的教师培训。能力不够、缺乏经验的教师与高效的、有经验的教师配对合作,互相帮助。教研组活动和课堂观察是两种常见的、成功的实践方式。对教师的成就和优异表现也有一套相应的激励政策。

校长被认为是教学领导,对校长的选拔和工作表现都有明确的标准。虽然有地区差异,但上海各地对校长的选拔都有严格的要求。在各种领导培训项目的支持下,上海的学校校长在管理学校方面发挥了很大的作用。他们受益于各种基于绩效的物质或非物质的激励机制,在课程改革和教学发展中产生了重要影响。校长领导着对课堂教学的监测和评价,对课程效用的持续性评价,他们还经常与学生、教师和家长进行交流和沟通,从而形成了有效的教学实践。校长对学校层面的各种决定有高度的自主权,例如,决定教师的聘用和教师工资的绩效部分。多样化的制度也已形成,用于监管和评价教师业绩,促进教师的研究活动,以及鼓励教师之间的合作共进。

2013 年,上海在教育方面的公共支出大约占 GDP 的 3.5%,与芬兰、日本、韩国和美国这些高绩效的经济发达国家比相对较少。然而,上海的教育财政结构不仅是以最起码的投入确保最起码的产出[①]，而且特别关注表现不佳的学校和区域，确保提高所有学生的学习成绩。上海已经摒弃了基础教育中不公平的"重点学校"制度。用创新性的财政工具，如"委托管理"制，通过政府财政支持的合作谅解备忘录让一个业绩好的学校和一个业绩差的学校结对互助。这种方式很快受到了普遍的支持。这种方式与其他国家的奖励好学校，淘汰差学校的做法大相径庭。

分析发现，上海有明确而详细的政策工具，可以确保基础教育投入在安全和充足的基础设施、教学与学习材料、专业发展途径和适当的班级规模标准上。上海的教育体系已经建立了关于完成率和进度以及知识和技能方面的学习目标。

在各年级层次的广泛的学生评价体系使得教育当局能把教育投入与教育结果相联系，从而为成绩差的地区提供额外的支持。主要支持形式是专题教师培训，优质学校的额外管理支持以及其他相关资源。有关部门专门负责监督学校提供的服务，例如，制定年度校历，确保为学生及时提供书籍，为教师提供教学辅助材料，监督学校内必要的建设活动，检查教师出勤，找人接替临时请假教师以及其他事项。有了这一系列管理严格、信息灵通、预算拨款透明的制度，学校就能有充分表达需求的自主权。

上海是执行特定政策以支持弱势个人、社区、学校和地区的首开新风者。通过对低收入家庭和流动儿童的专项支持项目和政策，上海在教育平等和公正上比中国内地其他地区取得了更大的进步。通过取消基础教育阶段选择性的重点学校，推广学校的"委托管理制度"，上海对国家支持薄弱学校能力建设的教育政策做出了巨大的贡献。不过，对加强特殊教育政策的落实，还需要予以更多的关注。上海通过精心设计整个系统的审核过程，来核实教育资源的支出，这套审核系统实施密切的监督和管理，使上海在有效资源管理方面达到了先进水平。

对与自治和问责制相关的各种政策规定及结果的调查发现，学校积极主动地编制其运行经费的预算，在预算规划和管理过程中有很强的参与性。对教学和非教学人员的工资结构的决定是相对集权制的，并以从上至下的方式执行。不过，区级教育部门对教学和非教学人员具体工资款项有一定的自由裁量权。总的来说，上海的私立学校校长对教职员工和有关薪酬问题比公立学校校长有更大的自主权。这与公立学校所没有的私立学校董事会的管理结构相一致。家

---

① 这句话的言外之意：政府关于教育投入标准，有三个"不低于"的规定；政府也规定了各种质量标准。这些标准可以视为不能触碰的"最低"底线；所以上海的教育财政体制也不例外地是教育投入不能低于这个最低标准，以确保质量在这个最低标准以上——译者注。

长教师联合会在上海还是一个新事物，家长及具有更广泛意义的社区还未有效地参与进学校管理中来。目前，在学校层面，校长在日常教学、学习、管理和倡议改革上有最大的自主权。

学校被明确要求严格遵守财务管理条例和其他市级规定。此外，学校每年都要接受一次检查，还要根据《上海市中小学生学业质量绿色指标》接受综合评价。上海特别注意尽可能不用学生的考试成绩直接作为奖惩的评判机制。当然，在现实中，初中、高中最后阶段高风险的入学考试还是会影响低年级段的学习重点。总的来说，对一个学校的评价仍然基于其在这些考试中的成绩。

专业问责是通过教师的内部关系和在职教师培训与监管程序的执行来维持的。校长和高级教师通过精心组织的教学研究小组，不断地监督和帮助其他教师，以提高他们的知识和教学能力，从而使专业问责制与能力之间呈现出更明显、更强的正相关。

在中国包括在上海，学生评估一般包括持续性和形成性的课堂评估、总结性考试、特别是在九年级和十二年级最后阶段的考试评估以及大规模的国家和国际评估。课堂评估经常进行，形式多种多样，比如小测验、口试、陈述报告、家庭作业等。比起以笔试形式进行的总结性评估，课堂评估允许学生以各种方式来展现自己的学习结果。评估标准有明确的指南，每一个年龄层次都有相对应的学习预期目标，而且学校层面对评估的质量有严密的监控，评估的数据会被有效利用来改善教学和以后的课堂评估实践。为改善课堂评估，上海市和区一级的教研办公室会定期开展有关学生评估现状的科研项目用以指导政策制定。考试是正规的、总结性的程序，其主要职能就是决定学生是否升学。

每年都要进行的中考和高考都是以选拔为目的的考试，这些考试在上海被看作一个组织严密的社会事件，受学生、家长、教育工作者和媒体的密切关注。这套结构良好的考试体系有着明确的政策方针、定期的经费支持和充足且训练有素的人力资源以保证考试的有效进行。学校的教学目标与这些考试相一致。考试被认为是高质量的，考试的整个过程是透明、公正的。但是，这些考试主要是选拔性考试，它们被指责给学生施加了太多压力，并迫使学校和教师的教学走向应试教育。

上海是中国参与大型国际评估的先锋城市之一。这个城市的学生在 2009 年和 2012 年的 PISA 测试中表现突出，赢得了本国和国际的关注。上海参与 PISA 的支持性环境（包括有明确的政策方针，必要的资助和有效的人力资源），被评为“先进”水平。但是，这个城市的教育系统在保证有效利用此类国际评估所获数据这一政策目标上得分很低。这一发现重现了在第五章提到的观察结果，即上海对评估后行动计划的关注度过低。

本报告还考察了上海教育政策与实践在何种程度上促成了如2012年PISA测试所揭示的学习成果。2012年，上海继续成为PISA数学、阅读和科学三大领域的佼佼者。而且，上海也成为PISA参与国家和经济体中教育系统最显公平的参与者之一。在控制了社会经济地位因素后，在25%的成绩最高的学生中，弱势群体学生的比例上海是最高的，超过所有其他参与国或经济体。比较一下上海学生的表现，在不同学程之间也有很大的差别，高中学生比初中学生好，示范或实验学校的学生比职业高中的好。总的来说，示范和实验中学的学生在所有三个领域（数学、科学和阅读）中的得分都是最高的。

不同学程学习成绩的差异部分归因于初中最后阶段对学生的分流。不过分析也显示在每个学程类别里，学校层面的政策和实践都对学生的PISA成绩起着重要作用。这一发现肯定了现有大部分全球教育政策研究。

与数学、阅读和科学素养相关的因素

在初中学生中，所在学校的创造性课外活动越多，学生在数学、阅读和科学方面的表现得越好。私立初中的学生（占全体初中生的10%）在数学和阅读上明显比公立初中的学生表现更好。此外，在决定课程和评估方面有更多自主权的初中，其学生数学分数实际上反而比较低。

在高中学生中，教师参与学校领导与更好的数学和阅读成绩有显著相关。学校的教育资源质量也与阅读成绩呈正相关。2009年PISA数据也显示，成绩好的学校，教师参与学校治理的水平较高、学校教育资源质量较好。

在职业高中学生中，数学成绩较好的学校，影响学校氛围的学生相关因素往往更少。这与2009年的PISA评估发现相一致。凡是家长对学校有压力的，数学平均得分就更高。职业学校学生的科学素养与学校的基础设施、班级规模和创造性活动呈显著正相关。

此外，个人和家庭背景因素与不同学程学生表现有直接关系。女孩在数学和科学上的表现明显比男孩差，但是阅读比男孩好。这一发现与其他PISA参与者的发现一致（OECD，2015）。家庭教育资源、文化财产和父母受教育水平与学生阅读素养呈正相关。相反的是，家庭物质财富与成绩表现呈负相关。最后，至少有过一年学前教育的学生在这三个领域都有更好的表现。

与问题解决技能相关的因素

与数学、阅读和科学相似,在问题解决技能上,普通高中学生表现得比初中生和职高学生更好。示范高中和实验高中的学生又比一般高中的学生更好。

在控制了数学、阅读和科学成绩后,初中学生解决问题的技能明显与学校教育资源质量和校长的教学领导力呈正相关。对于普通高中来说,生师比越大的学校和那些面临其他学校竞争的学校,学生解决问题的技能越强,尽管这种关系似乎可以由数学、科学和阅读成绩的差异来解释。

在职业高中学生中,解决问题的技能与许多学校特点有关。在保持数学、科学和阅读成绩不变的情况下,具有更小班级规模和生师比更小的职业学校在解决问题的技能上得分更高。对课程和评估政策有更大自主权而且学业成绩不被任何教育机构跟踪的职业学校,在解决问题的技能上表现更好。这一特点即使在控制了数学、阅读和科学素养因素后仍然存在。在学校领导力的各个维度中,解决技能问题上表现更好的学校中,校长更重视促进完善制度和发展专业,而较少表现教学领导力。私立的职业高中学生在解决问题的技能上明显比公立的职业高中学生更有优势,但这个差距似乎能用数学、阅读和科学成绩来说明。同样,有家长压力的职业高中的学生在解决问题上得分更高,但如果把数学、阅读和科学素养的成绩加入,这个差距就消失了。

在个体特征中,女孩解决问题的技能比男孩低,不管问题的性质还是解决过程(见第 7 章讨论解决问题的性质和过程部分)。这一弱势似乎与先前观测到的女孩在数学和科学上的弱势没有什么关联。在持续控制数学、阅读、科学成绩后,家庭财富与学生较强的解决问题能力显著相关,而家庭文化财富与解决问题技能呈负相关。家庭教育资源与解决问题的技能之间的正相关似乎能部分地用数学、阅读和科学素养的差异来解释。

家庭背景的一些因素也与学生对特定性质问题的解决能力有关。例如,家庭文化财产与解决静态问题的较高概率呈正相关,而家庭教育资源与解决互动问题的概率呈正相关。父母教育水平与解决涉及"表现与形成"过程问题呈正相关。

接受过至少一年学龄前教育的学生在解决问题上的得分更高,但这一优势似乎可以用数学、阅读和科学素养的差异来解释。学前教育也与解决互动问题以及涉及"计划和执行"和"监管和反馈过程"的问题呈正相关。

对上海教育政策的思考

PISA 和取得更好教育成果的系统方法(SABER)并不能完全地反映上海教育体制的复杂性和上海在历史悠久的改革过程中培养出来的雄心。上海早已远远超越了 PISA,正在制定和提出新的目标和愿景。不过,对上海教育政策的全面评估也提供了一个反思的机会。在研究过程中,笔者对上海市教育思想家和教育当局进行了一系列访谈和咨询,产生了下文一些政策思考。通过对全球教育政策文献的全面回顾,以及与上海教育政策制定者的互动,世界银行的专家在起草《上海教育:2050 愿景》过程中又进行了进一步的互动。这些思考旨在促进上海及其他有抱负的教育系统作更深入的探讨。

考虑将分流延迟到十年级或以后。波兰和德国的证据表明,延迟分流和延长学生普通学术教育的时间以便发展阅读和数学的基本能力,可以提高学生将来整体的学业成绩(Jakubowski and others,2016; Muhlenweg,2007)。九年级后的中考将学生分流到三类明显不同的、相互间也几乎没有横向流动可能的高中学程。师资和其他资源投资累积下来的差异进一步突出了不同高中学程之间教育质量上的差距。上海可以尝试取消中考,像其他发达国家一样,将分流延迟到第十或第十二年级,并为学生提供更多样化的课程。

增加对流动儿童和其他弱势儿童的帮助。上海积极制定了对流动儿童和其他弱势儿童扩大教育服务的政策和方法。不过现行的三年居住和就业资格标准可能需要放宽,以便更多的流动儿童入学当地公立或政府资助的民办学校。弱势儿童每年都需要更新他们的身份以获得帮助,这一做法可能会进一步排斥他们。上海市不允许流动儿童入读其公立高中,是在限制他们潜力的发展。

扩大家长、社区和社会在教育中的作用。家长教师联合会还是一个相当新的概念,其承担的责任往往有限。同时,许多奇闻逸事和个别孤立研究似乎表现出人们对公立教育体制的不满。上海可以考虑扩大家长、社区和社会大众在教育系统中的作用。

正式提升教师准入资格,使该行业更具吸引力。至少以学士学位作为教师准入标准。这样做将使上海与大多数经合组织国家以及其他发达亚洲国家不相上下。绝大多数申请人都已经有了学士学位,所以较高的要求将会减少不必要的招聘低效。

进一步减少教师人才和其他资源的分配不平等。高质量的教师应该在城市与乡村学校之间、示范学校和一般学校之间更均衡地分布。“取得更好教育成果的系统方法”(SABER)不能完全解决这个问题，研究人员应该做更深入的研究和分析。合格的特殊教育教师也可能分布不均。随着上海普通学校中特殊学生的增加，对特殊教育教师的需求量也将增加。

加大对信息和通信技术的投入。虽然95%的学校表明他们的学生注册档案完全或绝大部分是电子格式的，但只有72%的学校有学生成长档案(有更详细的学生成绩信息)，67%学校的教师专业发展概况档案是电子的或大部分是电子格式的。上海应该加大对信息技术的投入。

进一步探讨公私合作伙伴关系的作用，解决教育服务提供中最后一公里的问题。扩大一些有前途的举措，使之正规化、制度化，如委托管理薄弱学校和从私人那里购买教育服务。

在过去的几十年里，上海迅速发展成为全球经济和商业之都。正如PISA等评估项目所显示的那样，它在基础教育领域也领先于世界。这包括教育领域的许多方面，从吸引和发展高水平教师到使用财政和其他资源，以确保每个孩子，无论背景如何，都有机会获得一流的教育。这个城市想继续推进教育改革，进一步缩小质量和入学机会差距。随着上海教育体系继续取得高水平的基本认知成绩，将围绕下列问题进行新的讨论：当前课程和教学如何促进学生的社会和情感健康？如何培养世界公民和环境意识之类的21世纪技能？

对上海来说，在学业优秀与学生的社会和情感健康之间找到更好的平衡点，将变得越来越重要。虽然在本报告中没有明确讨论，但上海学生的报告反映出，他们与国际同龄人相比，要承受更多来自父母的压力和不幸福感。社会和政府需要在年轻一代的学术卓越与社会和情感健康之间找到平衡。

进一步扩大学前教育、推迟中学阶段的分流并提高高等教育的适切性和培训水平的压力将会加剧。上海可以进一步鼓励相关机构从事循证教育研究和公共教育辩论。它还可以继续建立改革和发展的良性循环，使教育体系在全球更具有竞争力。

参考资料

[1] Jakubowski, M., H. A. Patrinos, E. E. Porta, and J. Wiśniewski. 2016. "The Effects of Delaying Tracking in Secondary School: Evidence from the 1999 Education Reform in Poland." *Education Economics*. doi: 10.1080/09645292.2016.1149548.

[2] Muhlenweg, A. 2007. "Educational Effects of Early or Later Secondary School Tracking in Germany." Centre for European Economic Research. ftp://ftp.zew.de/pub/zew-docs/dp/dp07079.pdf.

[3] OECD (Organisation for Economic Co-operation and Development). 2015. *The ABC of Gender Equality in Education: Aptitude, Behaviour, Confidence.* Paris: OECD Publishing. http://dx.doi.org/10.1787/9789264229945-en.

附录 A

上海基础教育政策环境总结——基于世界银行 SABER 政策框架。

附表 A 上海在 SABER 政策目标下的地位

政策领域	政 策 目 标	地位
吸引和发展一支良好的教师队伍	1.为教师设立明确的期望 对学习目标、课程结构与设计、教学材料和各年级各科目的评价体系都有全面的和明确的政策指导。此外,《中华人民共和国教师法》(1993) 规定了教师职责和工作时间。在上海,教师责任还包括课外活动指导和教师发展	先进 ●●●●
	2.吸引优秀教师从教 教师职业在上海有一套严格的准入要求,在社会上的地位和收入都比较高。基础设施和生师比之类的工作条件都有吸引力,而且有明确的职业提升机制	先进 ●●●●
	3.有教师提供有效训练与经验 上海要求小学教师有至少三年的高等职业教育学历,中学教师有四年制大学本科教育学历。实际上的学历要求比这个还要严格。据调查,97%的学校招聘时最低学历要求是本科。中国师范教育不仅提供高质量的课程知识内容,还有平均六个月的实习。对职前教师资格的政策要求应该提高以便反映客观实际(最少四年的大学学历),避免低效招聘,也为教师行业发出积极信号	成熟 ●●●○
	4.使教师技能适应学生需求 为鼓励教师到师资短缺的郊区和农村学校任教,教育部门出台了许多政策,包括以临时调动和轮岗模式鼓励教师去帮助薄弱学校和弱势学生群体。上海在各个科目上都没有严重的教师短缺现象,但对教师技能和学生需求之间的供求特点,还需要深入的研究来全面说明	成熟 ●●●○

续表

政策领域	政策目标	地位
吸引和发展一支良好的教师队伍	5. 用强有力校长领导教师 尽管有地区之间的差异，但对校长都有很高的招聘标准而且实施严格。上海校长在其任期内，要参加各种基于“基础教育校长专业水平”的领导力培训项目。他们的部分工资与整个学校的表现挂钩。校长在其学校内对教学设计以及教学活动的监管与评价发挥着积极的作用。在教学实践以及聘用和奖励等教师管理相关事务上有很大的决定权	成熟 ●●●○
	6. 监管教与学 关于学生学习结果的充分数据可用于教学和决策参考。一系列形成性和总结性学生评估结果用于诊断，鼓励教师发现教学实践中需要提高的地方，同时也帮助学校分析教师的现有优势和不足，为教师量身定做专业发展计划。基于2012年《国务院关于加强教师队伍建设的意见》，多种机制用以全面监管教师绩效，而非仅仅看学生成绩。对于高级教师和校长，区一级经常性的对教师工作的检查和课堂观察就是一些常见的监管和评估过程	先进 ●●●●
	7. 支持教师改进教学 新教师在工作开始的五年内必须完成360学时的专业发展学习，晋升高一级职称还需要额外的540学时。教师专业发展是学校业务费用的重要组成部分。专业发展活动注重合作，尤其关注教学改进。学校领导根据每位教师的评估结果有针对性地制订培训计划。经验不足的教师和高效、经验丰富的教师结对。教研组和听课是两种成功的常用模式。但是和其他国家（日本，韩国和新加坡）相比，上海的专业发展学时数还是低的	成熟 ●●●○
	8. 激励教师更好地工作 晋升机会和工作表现挂钩。《中小学教师定期注册暂行办法》要求教师必须每五年认证一次才能继续从教。根据《中华人民共和国教师法》，教师可因不当行为、虐待儿童和表现差而被解聘。小部分的教师工资和工作量、工作表现挂钩。在教师生涯阶梯和绩效工资的关系上还需要更深入的研究	成熟 ●●●○

续表

政策领域	政策目标	地位
为优质而公平的教育提供经费	1.保证学习的基本条件 为确保基础教育的基础设施投入、学习材料、教师资格和编制规范，教育部门制定了详细的政策和法规。然而，公立和私立、城市和乡村学校之间的实际差别还很大。在完成进度、知识和技能上，上海市有一套完善的基础教育学习目标	先进 ●●●●
	2.监督和评估学习条件与结果 学习环境和教与学的结果都受密切监测。市里每年收集和编辑学校及地区的数据。然而，上海需要提高其收集学校数据的信息技术。《中小学生学业质量绿色指标》自 2011 年起开始实施，每年全面评估学校质量，包括学习动机、学业负担和师生关系	成熟 ●●●○
	3.监督教育服务的提供 上海已建立了一个市级系统来跟踪有效的上学天数，并设立了学习材料和学校物资资源使用的监督机制。上海已经建立了成熟的机制来核实教师出勤以及是否需要代课教师	成熟 ●●●○
	4.基于充分而透明的信息编制预算 《上海市教育委员会直属事业单位预算管理实施办法》详细规定了教育经费的标准。教育预算以充分、透明且向公众开放的信息为基础。学校和地区层面都有完备的数据收集机制，用以支持有具体要求的未来预算规划	成熟 ●●●○
	5.为有需要的学生提供更多资源 上海有帮助弱势学生群体的具体政策，例如为流动儿童和贫困家庭学生提供免费学校膳食以及对残疾学生或经济困难的学生发放补助。不过这些弱势学生每年都要更新自己的身份登记。薄弱的学校则受到“委托管理”这样的创新计划的支持。流动儿童和残疾学生的入学机会还需要得到更大的改进	成熟 ●●●○
	6.有效管理资源 教育资源的使用有专门的审核系统，但其覆盖面还可以扩大。根据《中小学校财务制度》，上海的学校必须在规定的类别内使用分配的资金并提交详细的支出报告。内部（学校级）和外部（市和区审计办公室）都要进行审计以核实资源使用情况。未通过内部或外部审计的学校将受到法律制裁	先进 ●●●●

续表

政策领域	政策目标	地位
平衡自主权和问责制	1. 规划和管理学校预算的自主程度 预算规划是学校的一个协作和多步骤的过程。收到市政府和区财政局批准的预算后，学校在确定的类别下有执行预算的自主权。教师基本工资由市级决定，学校对工资的影响有限，但有权决定绩效工资的分配。学校在确定非教学人员的工资上更有发言权。与私立学校相比，公立学校的自主权较少，特别是在筹集资金方面	成熟 ●●●○
	2. 人事管理的自治水平 上海各区在学校教师任免的自主程度上各不相同。聘用的权力明显大于解聘的权力。对非教学人员的聘任和解聘过程相对灵活。上海没有统一的任命和解聘校长的市级政策，但各区有权建立自己的流程	成熟 ●●●○
	3. 学校委员会在学校治理中的作用 公立学校没有强制要求设立学校委员会，但是遵循“学校校长负责制”，校长通过与党委书记协商，或者进一步与教职工代表大会协商来做出重要决定。根据法律，上海的私立学校必须建立有更广泛代表性的“学校董事会”。虽然董事会参与制定总体规划和预算决策，但通常不管有关教学的事宜。家长教师联合会自 2012 年以来就已存在，但其作用仅限于支持基本的学校管理任务和孩子的家庭教育。没有市级政策、指南或手册规定社区或校委会参与管理学校活动和学习投入	新兴 ●●○○
	4. 学校和学生评估 学校有一套完善的、经常使用的形成性和总结性评估系统，定期地用于教学实践的反馈和必要的调整。全市和全国范围内的标准化评估每年进行一次，最重要的是在九年级和十二年级的最后阶段。这些评估的数据有助于政策制定者跟踪学生的学习成绩趋势	成熟 ●●●○

续表

政策领域	政 策 目 标	地位
平衡自主权和问责制	5.学校问责制 市和区有明确的规定管理对学生评估结果的使用。但是,对这些细节不被公开的数据还可以做更有效的分析。上海的学校必须严格遵守国家《中小学校财务制度》对预算、收入、支出、盈余和资本资产的详细管理条例。不遵守规定会导致法律制裁。政策准则规定了私立学校的财务管理和透明度标准。但是,并没有明确的政策和机制对利益相关者以公共论坛的形式进行学习问责。社区和家长倾向于充分信任教育专业人员对专业实务和教育机构的管理	新兴 ●●○○
创建有效的学生评估体系	1.课堂评估(支持性的环境,系统一致和评估质量) 2013年,上海市教育委员会发布了《关于小学阶段实施基于课程标准的教学与评价工作的意见》,指导教师开展教学活动和按照课程标准进行评估。课堂评估是教师专业发展和绩效评估的一个核心内容	成熟 ●●●○
	2.考试——初中毕业考试(支持性的环境,系统一致和评估质量) 九年级末的中考提供了高中入学的筛选标准,并揭示基础教育体系的整体状况。有正式的政策文件授权并指导整个考试过程。市政府配备常规资金和必要的人力资源。基于2009年《关于上海市初中毕业统一学业考试命题工作的意见》,选择和组织教师进行中考的设计和评分,以及保持考试质量和公平的标准都有一套系统的方法	成熟 ●●●○
	3.考试——高中毕业考试(支持性的环境,系统一致和评估质量) 高考是一项高风险的竞争性考试,决定十二年级毕业生的大学入学。考试以国家课程指南和标准为基础。国家考试中心领导全国高考的设计,各省级高考试卷由省高考委员会设计。基于2014年《普通高等学校招生工作规定》,高考的准备和实施资金是当地教育支出的常规组成部分。高考经过严格的质量保障程序,包括内部和外部审查、外部认证、试点和翻译验证。考试通过率由监督委员会和专家审查小组密切监视	先进 ●●●●

续表

政策领域	政策目标	地位
创建有效的学生评估体系	4. 国家大规模评估（支持性的环境，系统一致和评估质量） 2015 年 4 月国务院正式推出《国家义务教育质量监测方案》。该计划每年对四年级和八年级学生在两个不同科目进行评估，三年一共涵盖六个主要科目（语文、数学、科学、物理、艺术和道德教育）。方案在 2015 年首次在全国范围内实施。此外，从 2011 年起，上海教育委员会每年还在全市进行一系列相对更全面的指标评估（《上海市中小学生学业质量绿色指标》）。为减轻父母和孩子对高考和中考的焦虑，目前上海正在试行中、高考的改革，并在 2017—2018 年推出更灵活的模式	成熟 ●●●○
	5. 国际评估（支持性的环境，系统一致和评估质量） 在 2009 年和 2012 年，上海参加了国际学生评估（PISA）。由于其先进的规定确保了进行国际评估的支持性环境，上海的学生表现出色。但是，上海在教师专业发展方面的表现以及评估后对 PISA 评估数据的使用只被评定为“成熟”，而不是“高级”	成熟 ●●●○

注：PRC －中华人民共和国；SABER ＝（世界银行）取得更好教育成果的系统方法。

附录 B

附表 B　PISA 变量描述

变　　量	描　　述
数学课堂分组	1 ＝全部或部分数学课堂实行能力分组；0 ＝ 任何数学课堂都没有实行能力分组
学业成绩	1 ＝总是考虑学业成绩或原来学校的推荐意见；0 ＝ 从来或有时候不考虑
班级规模	班级规模
竞争	1 ＝至少面对其他一个学校的竞争；0 ＝ 没有竞争
电脑和网络	电脑数量和连接互联网的电脑比例
创新型活动	学校创新性的课外活动的指数
	学校活动总数：乐队，管弦乐队或合唱团；校园剧或校园音乐剧；艺术俱乐部或艺术活动
文化财富	文化财富指数
女性	女性 ＝ 1；男性 ＝ 0
家庭教育资源	家庭教育资源指数
沟通领导力	学校领导力：形成学校目标和课程发展框架，并进行沟通交流
	下列陈述发生的频率：
	• 我用学生的成绩表现制订学校教育目标
	• 我确保教师的专业发展活动与学校教学目标一致
	• 我确保教师根据学校教育目标开展工作
	• 我在教职工会议中与教师讨论学校的学业目标
教学领导力	学校领导力：教学领导力
	• 我基于最近的教育研究促进教学实践
	• 我表扬能让学生积极参与学习的教师
	• 我让教师注意到发展学生批判能力和社会能力的重要性

续表

变　量	描　述
专业发展领导力	学校领导力:促进教学改进和专业能力的发展
	•当教师有课堂教学问题时,我主动与其探讨
	•我注意教室中的捣乱行为
	•当一个教师提出课堂问题时,我们一起探讨解决
教师参与管理	学校领导力:教师参与领导
	•我为教师提供参与学校决策的机会
	•我让教师帮助建设持续改善的校园文化
	•我要求教师参与评论管理实践
综合中学	综合中学 ＝ 1
父母教育程度	父母最高受教育年限
家长压力	1 ＝面临来自许多家长的成绩压力；0 ＝ 有来自少数家长的压力或没有压力
学前教育	1 ＝有至少一年的学前教育
持高校文凭的教师比例	拥有高等教育文凭的教师比例
公立学校	公立学校 ＝ 1
课程与评估的学校责任指数	学校负责课程和评估的责任指数
	校长报告说明谁对课程和评估四个方面负责:
	“建立学生评估政策”,“选择使用哪些教科书”,“决定课程内容”,以及“决定开哪些课程”。
	指数计算基于两个回答为“是”的数量比例,一是对学校管理委员会、校长或教师的回答为“是”,二是对地区或地方教育部门或国家教育当局的回答为“是”。
资源分配指数	学校负责资源分配指数
	学校校长报告关于谁对资源分配相关任务负有主要责任(“选择聘任教师”、“解聘教师”、“确定教师起始工资”、“决定教师工资增长”、“形成学校预算”、“决定校内预算分配”)。指数计算基于两个回答“是”的数量比例,一个是对学校管理委员会、校长和教师的回答为“是”的数量,另一个是对地方教育部门和国家教育部门的回答为“是”的数量。

续表

变　　量	描　　述
基础设施	基础设施质量
	你学校提供教学的能力受到下述问题的阻碍吗？
	·学校建筑物和场地不足或短缺
	·空调和照明设施不足或短缺
	·教学空间不足或短缺(比如，教室)
学校教育资源质量	学校教育资源质量
	你学校提供教学的能力受以下问题阻碍吗？
	·科学实验设备短缺或不完善
	·教学材料短缺或不足(比如，课本)
	·教学用的电脑短缺或不足
	·互联网络缺乏或不足
	·教学用的电脑软件缺乏或不足
	·图书馆资料短缺或不足
成绩跟踪	1 ＝官方跟踪的成绩
学科教师缺乏	1 ＝缺乏[科目]的合格教师
生师比	生师比
学生相关因素	影响学校氛围的学生相关因素
	在你的学校里，以下现象对学生学习的障碍达何种程度？
	·学生逃学
	·学生逃课
	·学生迟到
	·学生不参加学校规定的义务活动
	·学生对老师缺乏尊重
	·学生上课捣乱
	·学生饮酒或吸毒
	·学生霸凌同学
教师精神面貌	教师精神面貌
	你学校的教师有多少与以下描述相符？
	·教师士气高昂
	·教师工作有热情
	·教师以学校为傲
	·教师珍视学业成绩

续表

变　　量	描　　述
教师短缺指数	教师短缺指数
教师相关因素	影响学校氛围的教师相关因素
	在你学校里，下列现象对学生学习造成什么程度的障碍？
	•学生潜能的充分发挥得不到鼓励
	•学生教师关系差
	•教师不得不在一个班里教程度各异的学生
	•教师不得不在一个班里教民族背景各异的学生（例如，语言、文化）
	•教师对学生的期望很低
	•教师不能因材施教
	•教师旷工
	•教职工反对变革
	•教师对学生过于严厉
	•教师上课迟到
	•教师备课不充分
财富	家庭财富指数

（来源：OECD 2012，PISA 2012 数据库（http://pisa2012.acer.edu.au/）。）

环境效益声明

世界银行集团致力于减少对环境的影响。为支持这一承诺，出版和知识部门在全球的区域中心选用电子出版和按需印刷。这些举措降低了印刷量并缩短了运输距离，从而减少了纸张消耗、化学品使用、温室气体排放和废物的产生。

出版和知识部门遵循《绿色出版倡议》规定的纸张使用标准建议。我们的大部分书籍都印在森林管理委员会(FSC)认证的纸张上，几乎所有书籍都含有50%—100%的再生成分。书中纸张的再生纤维是未经漂白的，或者使用完全无氯(TCF)、无氯处理(PCF)或增强的无氯元素(EECF)工艺进行漂白的。

有关世界银行环境理念的更多信息，请访问 http://www.worldbank.org/corporateresponsibility.